Folkert Rickers

Widerstehen in schwerer Zeit

Erinnerung an Paul Schneider (1897-1939)

Ein Arbeitsbuch für den Religionsunterricht
in den Sekundarstufen und für die kirchliche
Bildungsarbeit

Neukirchener

© 1997
Neukirchener Verlag
Verlagsgesellschaft des Erziehungsvereins mbH, Neukirchen-Vluyn
Alle Rechte vorbehalten
Umschlaggestaltung: Hartmut Namislow
Druckvorlage: OLD-Satz digital, Neckarsteinach
Gesamtherstellung: WB-Druck GmbH & Co. Buchproduktions KG, Rieden/Allgäu
ISBN 3-7887-1673-8

Die Deutsche Bibliothek – CIP-Einheitsaufnahme

Folkert Rickers:
Widerstehen in schwerer Zeit: Erinnerungen an Paul Schneider (1897-1939);
ein Arbeitsbuch für den Religionsunterricht in den Sekundarstufen und für die
kirchliche Bildungsarbeit / Folkert Rickers. – Neukirchen-Vluyn: Neukirchener, 1997
    ISBN 3-7887-1673-8

DEN GÖTTINGER FREUNDEN
PETER BIEHL UND CHRISTOPH BIZER

Inhalt

Zur Einführung

Das Foto auf dem Umschlag dieses Buches führt ins Zentrum der Erinnerung an Paul Schneider. Mit ihm könnte jede Bildungsarbeit in Schule und Gemeinde beginnen. Was stellt der eigenartige Gegenstand dar, der aus der Welt unserer Gebrauchsmöbel nicht weiter bekannt ist? Auf den ersten Blick erschließt sich sein Zweck nicht. Aber bei näherer Betrachtung und im gemeinsam erschließenden Gespräch mag dann doch bewußt werden, daß es sich um einen Gegenstand handelt, der eigens dazu konstruiert wurde, um an Menschen »sachgerecht« Prügelsstrafen vollziehen zu können. Erinnerungen an mittelalterliche Folterkammern werden wach oder an bestimmte Abscheulichkeiten islamischer Strafrechtspraxis, über die von Zeit zu Zeit immer wieder in Illustrierten berichtet wird. Das Bild stellt einen Prügelbock dar, genauer: den originalen »Prügelbock von Buchenwald«, auf dem Paul Schneider wieder und wieder mit Stöcken und Ochsenziemern geschlagen wurde, so daß er nach den einzelnen Prozeduren kaum noch gehen konnte.
»Der Prügelbock stand zur Bestrafung von Häftlingen bei den Morgen- und Abendappellen auf dem kleinen Hügel vor der KZ-Lagerführung ... vor den angetretenen Häftlingskolonnen. Die Strafen wurden im Beisein des SS-Lagerführers und eines SS-Arztes von zwei oder vier SS-Leuten durchgeführt. Meist sind 25 Stockhiebe geschlagen worden, bei denen der Häftling laut mitzählen mußte. Hatte sich der Häftling verzählt, begann die SS mit neuer Zählung bis zur Bewußtlosigkeit oder des Todes des Häftlings« (Mitteilung der Gedenkstätte Buchenwald vom 9. Juli 1997).
Es ist eigentlich ganz unbegreiflich, wie ein Mensch das länger als ein Jahr hat aushalten können. Im Durchhalten solcher Leiden wußte Schneider sich allerdings von einer starken Kraft gehalten. Sein christlicher Glaube verpflichtete ihn überdies, diesen in der Öffentlichkeit des Appellplatzes mit Nachdruck zu bezeugen. Er gebot ihm auch hinauszuschreien, daß in Buchenwald Menschen gefoltert und ermordet werden. Und jedem Aufschrei aus der Gefängniszelle folgte erneut Prügel und nochmals Prügel. Sein »Schrei aus der Tiefe« des Gefangenenbunkers beeindruckte alle nachhaltig, auch die atheistisch eingestellten Mitgefangenen. Mit allerhöchstem Respekt nannten auch sie Schneider den »Prediger von Buchenwald«. Als solcher ist er in die Kirchengeschichte eingegangen.

Der »Prügelbock von Buchenwald« ist mehr als nur ein schreckliches historisches Folterinstrument. Er ist zugleich ein Symbol für die tiefe Erniedrigung des Menschen durch den Menschen. Ersonnen wurde er in perversen menschlichen Gehirnen mit dem ausschließlichen Ziel, Andersdenkende zu demütigen und gefügig zu machen. Verfertigt wurde er in »einwandfreier Schreinerarbeit« von namentlich nicht mehr bekannten Häftlingen in der »Deutschen Ausrüstungswerke GmbH«, einem Werkhof, der dem Konzentrationslager angegliedert war. Speziell für Buchenwald wurden weiter zwei Leichentransportbehälter und ein transportabler Galgen geliefert (ebd.).

Im Symbol des »Prügelbocks von Buchenwald« muß das Leiden hunderttausender von Männern und Frauen in Buchenwald unter nationalsozialistischer, später dann auch unter sowjetischer Herrschaft erinnert werden. Aber es steht auch für den Skandal der Folter Unzähliger in den verschiedensten Ländern der Erde bis auf den heutigen Tag. Der »Prügelbock von Buchenwald« ist das Symbol von Machtsystemen, die Andersdenkende nicht zu überzeugen vermögen und sie deshalb klein machen und vernichten müssen. Und er ist ein Symbol für den unglaublichen Sadismus von Menschen, für die pure Lust, andere zu quälen und zu ermorden.

Zum heutigen Verständnis von Schneider ist es deshalb unerläßlich, daß er mit diesem Symbol untrennbar verbunden bleibt und jede Erinnerung an ihn diese Assoziation entstehen läßt. Er ist einer der didaktischen Schlüssel zum heutigen Verständnis des ehemaligen Pfarrers von Dickenschied und Womrath auf dem Hunsrück.

Äußerer Anlaß der hier vorgelegten Veröffentlichung über Schneider ist dessen Geburtstag, der sich am 29. August 1997 zum hundertsten Male jährt. Er ist eine Gelegenheit an den ersten Pfarrer zu erinnern, der in den nationalsozialistischen Konzentrationslagern ermordet wurde und dessen Gedächtnis in den Gemeinden mehr und mehr zu verblassen droht. Auch bei kirchlich Engagierten ist er meistens unbekannt. Im Curriculum des Religionsunterrichts kommt er praktisch überhaupt nicht vor. Auch gibt es nur noch wenige, die als ehemalige Mitglieder der Bekennenden Kirche, der Schneider angehörte und für die er eintrat, ein gleichsam *existentielles Interesse* an der Beschäftigung mit ihm haben und die in den vergangenen Jahrzehnten wie z.B. *Rudolf Wentorf* in seinen Veröffentlichungen dessen Erinnerung immer wieder zu beleben versuchten. Allerdings macht die Vermittlung und Vergegenwärtigung Schneiders einige Mühe. Das liegt daran, daß Schneider heutigem Verständnis zunächst ziemlich sperrig erscheint. Mit seinem radikalen Glaubensverständnis und -eifer, seinem rigiden Moralempfinden und seinen konservativen gesellschaftspolitischen Vorstellungen verschließt sich Schneider der glatten Rezeption. Auf den ersten Blick und unvermittelt bietet er sich auch kaum als Vorbild oder didaktische Leitfigur an. Nur bei ei-

nem primär glaubensbezogenen Erkenntnisinteresse läßt sich Schneider unmittelbar erschließen.
Angestoßen durch einen Brief von *Rudolf Weckerling* an *Günther van Norden* vom 18. Oktober 1992 entstand die Idee zu dieser Publikation in einer Sitzung des »Ausschusses für Kirchliche Zeitgeschichte der Evangelischen Kirche im Rheinland«. Es war der ausdrückliche Wunsch des Gremiums, ein religionsdidaktisches Arbeitsbuch zu schaffen, um die Gestalt Paul Schneiders Jugendlichen in Schule und Gemeinde zugänglich zu machen, aber auch um einen Beitrag »gegen das große Vergessen und Verdrängen« (*Weckerling*) zu leisten.
Die Bewältigung dieser besonders auch in historiographischer Hinsicht sehr anspruchvollen Aufgabe wurde allerdings sehr erleichtert durch die inzwischen erschienene, viele neue Quellen erschließende Dissertation von *Albrecht Aichelin* (1994) über Paul Schneider. Auch wenn ich seine – allerdings anregende These nur bedingt teilen kann, so ist doch das von ihm Erarbeitete zur Grundlage des Folgenden geworden. Deshalb begnüge ich mich hier mit dem allgemeinen Hinweis der Abhängigkeit und merke die Bezüge zu *Aichelin* nur bei Zitaten eigens an. Gleichermaßen profitiert habe ich von den etwas älteren Arbeiten von *Rudolf Wentorf*, die wegen der vielen z.T. vollständig abgedruckten Quellen für den Didaktiker besonders ergiebig sind.
Die problemorientierte Unterrichtseinheit für die Sekundarstufe I wurde in einem Seminar im Wintersemester 1995/96 an der Gerhard-Mercator-Universität – GH Duisburg) entwickelt. Für die intensive Mitarbeit danke ich *Susann Beinlich, Klaus-Dieter Grothe, Margot Rickers, Kerstin Röhrig* und *Susann Ueckert.*
Mit den Religionslehrerinnen *Ute Jansen* (Aachen) und *Dr. Anja Rinnen* (Krefeld) hatte ich Gelegenheit, die didaktischen Teile der Arbeit durchzusprechen. Ihre kritischen Einwände und didaktisch-methodischen Hinweise waren Anlaß zu Veränderungen am Manuskript. Auch ihnen danke ich sehr herzlich.
Im übrigen habe ich mich bemüht, ein Arbeitsbuch zu schaffen, das für Unterrichtende in Schule und Kirche in einer vertretbaren Zeit zu bewältigen ist, ohne dabei auf wesentliche Gesichtspunkte verzichten zu müssen. Die eigentliche Darstellung ist deshalb bewußt knapp gehalten. Wichtiger war mir die Präsentation der einschlägigen Quellen, deren sorgfältige Analyse auch für die didaktische Arbeit unerläßlich ist. In der Darstellung der zeitgenössischen Ereignisse und der Konflikte Schneiders habe ich mich ganz auf den entscheidenden Aspekt des Verhältnisses von Religion/Kirche und nationalsozialistischer Bewegung bzw. Regierung beschränkt, also auf die Konfliktsituationen. Ich wollte weder eine Biographie Schneiders schreiben noch eine kurzgefaßte Geschichte der Kirche im Nationalsozialismus. Für das letzte Thema gibt es genügend und genügend gut ausgearbeitete Unterrichtshilfen. Für die Biographie Schneiders sei zur allgemeinen Orien-

tierung auf die etwas ausgeführtere tabellarische Übersicht verwiesen. Über den »Biographischen Hintergrund (1897-1933)« orientiert am besten *Aichelin 1994*, 1-43). Wer sich etwas genauer über die zeitgeschichtlichen Verhältnisse informieren möchte, dem sei die relativ kurzgefaßte Darstellung von *Kurt Meier* (1992) empfohlen. Sie kann dem Religionsdidaktiker einen sehr guten Dienst leisten.

Um der besseren Lesbarkeit und Übersichtlichkeit willen habe ich auf einen wissenschaftlichen Apparat ganz verzichtet und nur in wichtigen Punkten gelegentlich Anmerkungen in den Fließtext gesetzt. Allerdings bleibt die Arbeit in allen ihren Teilen selbstverständlich wissenschaftlicher Quellenanalyse und Reflexion grundsätzlich verpflichtet.

Im übrigen habe ich mich bemüht, das Buch so anzulegen, daß sich aus ihm für die Arbeit in der Sekundarstufe II und in der Gemeinde bereits eine didaktische Struktur ergibt.

Mit einem namhaften Betrag hat sich die Kirchenleitung der Evangelischen Kirche im Rheinland trotz angespannter Haushaltslage an den Druckkosten beteiligt und damit das Erscheinen dieses Buches zu einem vertretbaren Preis erst möglich gemacht. Sie hat damit ein Zeichen gegen das Vergessen gesetzt.

Duisburg, 25. August 1997   Folkert Rickers

1 Kirchenpolitische Bewegungen und Fronten

1.1 Anmerkungen zur kirchenpolitischen Situation 1933ff

Paul Schneiders Denken und Handeln ist nicht zu verstehen, ohne einen kurzen Blick auf die kirchenpolitische Situation der dreißiger Jahre geworfen zu haben.

Als Hitler am 30. Januar 1933 zur Macht kam, haben nur wenige Menschen in Deutschland die Regierungsübernahme der Nationalsozialisten mit Argwohn betrachtet. Niemand hat ja voraussehen können, daß am Ende des Dritten Reiches eine Bilanz mit mehr als 50 Millionen Toten und mit bis dahin nicht gekannten Trümmerlandschaften stand. Niemand hat sich auch vorstellen können, wie sehr der Nationalsozialismus das Land systematisch mit Terror und Gewalt überziehen und Menschen massenweise als Angehörige »minderwertiger Rassen« und als »Volksschädlinge« in Konzentrationslager überführen und liquidieren würde. Einer von ihnen war der Pfarrer *Paul Schneider.*

Die Stimmung in Deutschland war Anfang 1933 und in den Folgejahren eine ganz andere. Erleichterung hatte sich breit gemacht, daß nun einer kraftvoll das Ruder übernahm, um die dringendsten Probleme zu lösen, die die ungeliebte Demokratie vermeintlich »hinterlassen« hatte. Als besonders drückend wurde bei der Bevölkerung die Arbeitslosigkeit empfunden. Und Hitler versprach Abhilfe. Eine große Hoffnung auf Besserung der gesamten Lebensverhältnisse hatte sich unter den Deutschen ausgebreitet. Die Schmach von Versailles würde getilgt. Deutschland würde unter einem starken nationalen Willen geeint werden und sich als eine große Nation entfalten. Außerdem sah man in Hitler einen Vorkämpfer gegen den Marxismus bzw. Bolschewismus, der auch den meisten Christen als größte Bedrohung für das christliche Abendland erschien.

Die Wende mit der »deutschen Revolution« wurde von vielen nicht nur allgemein zustimmend hingenommen, sondern z.T. geradezu enthusiastisch begrüßt. Innerhalb weniger Wochen hatte Hitler es geschafft, den größten Teil der Bevölkerung stimmungsmäßig für seine politischen Vorstellungen einzunehmen. Und er konnte die allgemeine Stimmung noch steigern. Auch der damalige Pfarrer von Hochelheim und Dornholzhausen, Paul Schneider, war von der Rede Hitlers am 1. Mai 1933 und von dessen »sozialem Wollen« sichtlich beeindruckt, wie er in einem Brief schrieb (**M 1**). Die Begeisterung des Pfarrers war so groß, daß er Bedenken gegen die nationalsozialistische Bewegung zurückstellte, die ihm früher gekommen waren. Denn Schneider hatte in der Partei noch 1932 »heidnisch-völkische Strömungen« erkannt und die Bewegung um ihrer »unchristlichen Haltung ... gegen Altes Testament und Judentum« willen kritisiert (*Aichelin 1994*, 30).

Wie allgemein die begeisterte Zustimmung zur Machtübernahme Hitlers war, geht auch aus der Vorrede zu einem Buch hervor, das der damals sehr bekannte Religionspädagoge *Hermann Tögel* über den Religionsunterricht im neuen Deutschland 1933 geschrieben hatte. Ungewöhnlicherweise stellte er in ihm eine »persönliche Einstimmung« voran, in der er für die Größe des Ereignisses Parallelen zog zwischen Hitler und Luther einerseits und zwischen Hitler und Jesus andererseits (**M 2**). Der Text zeigt u.a. deutlich die Faszination, die von der Person Hitlers damals ganz allgemein ausging und die auch die meisten Intellektuellen erreicht hatte, obwohl wenig Intellektuelles an ihm zu entdecken war.

Auch in den beiden großen Kirchen war nach ersten kritischen Vorbehalten, besonders in der katholischen Kirche, im allgemeinen die Stimmung zugunsten des neuen Regimes umgeschlagen. Viele leitende Persönlichkeiten in den Kirchen begrüßten den nationalen Aufbruch unter Führung der NSDAP. Sie behielten ihre allgemeine Zustimmung im ganzen auch bei, als erkennbar wurde, daß die Nationalsozialisten gegen die Interessen der Kirche gerichtete Maßnahmen ergriffen. Gegen den heftigen Protest insbesondere der katholischen Kirche wurde z.B. zwischen 1935 und 1939 die traditionelle Konfessionsschule im Deutschen Reich zugunsten einer deutschen Gemeinschaftsschule einfach abgeschafft. Dabei griffen die Nationalsozialisten auch zu nicht legalen Mitteln und zu Repression. Die Nationalsozialisten versuchten, wo es nur eben ging, unter dem Schlagwort von der »Entkonfessionalisierung des öffentlichen Lebens« die Kirchen aus der Gesellschaft zu verdrängen und diese mit ihrer Weltanschauung zu durchdringen.

Neben solcher allgemeinen Zustimmung entwickelte sich allerdings in der evangelischen Kirche eine besondere Situation. Sie war dadurch veranlaßt, daß nationalsozialistisch orientierte Pfarrer schon Ende der zwanziger Jahre darum bemüht waren, Nationalsozialismus und Christentum so eng wie möglich miteinander zu verbinden. Radikale Vertreter aus Thüringen wollten beide Größen gar zu einer Einheit verschmelzen. Die Deutschen Christen, wie sie sich nannten, waren sämtlich davon überzeugt, im deutschen Volk eine göttlich gewollte Schöpfungsordnung und im nationalsozialistischen Aufbruch unter Adolf Hitler ein Werk Gottes zu sehen. In germanischer Rasse, germanischer Geistes- und Religionswelt und deutschem Volkstum erkannten sie gottgegebene Werte. Christentum war für sie immer rasse- und volksgemäß gebundenes Christentum, »artgemäßes Christentum«, wie es damals hieß – eine Selbstbezeichnung, die in der Regel mit einem mehr oder weniger scharf artikulierten antisemitischen bzw. antijudaistischen Vorbehalt verbunden war. Die Deutschen Christen wollten das religiöse Rückgrat des Nationalsozialismus sein, fanden damit aber bei den regierenden Nationalsozialisten kein Verständnis, bei Hitler schon gar nicht.

Die Deutschen Christen waren von der besonderen Sendung des deutschen Volkes unter den Völkern ebenso überzeugt wie von der Besonderheit des Deutschen Christentums als einer Grundlage zur Reform des Christentums und der deutschen Volkes. Deshalb lehnten sie das Christentum als eine übernationale Größe aus prinzipiellem Vorbehalt ab und waren äußerst skeptisch gegen die ökumenischen Bemühungen auf Weltebene eingestellt. Im Verlauf des Jahres 1933 wuchsen sie zu einer bedeutenden Gruppe in der Kirche heran und gewannen vorübergehend auch die Gunst Hitlers, der 1933 am Abend vor den Kirchenwahlen in einer Rundfunkansprache ausdrücklich für sie eintrat. In fast allen Landeskirchen gingen die Deutschen Christen als Sieger hervor, auch in der rheinischen Kirchenprovinz Paul Schneiders, die zur Altpreußischen Union, der größten Landeskirche in Deutschland gehörte. Als sie aber Hitlers politischen Zielen nicht mehr dienlich waren, ließ er sie nach kurzer Zeit wieder fallen. Er hat sich auch später nicht mehr um sie bemüht. Auch innerhalb des protestantisch-kirchlichen Lagers verloren sie wegen überzogener Forderungen, wie z.B. der rigorosen Ablehnung des Alten Testaments, bald an Bedeutung. Aber immerhin waren die meisten Kirchenleitungen mit Ausnahme von Bayern, Württemberg und Hannover bis zum Kriegsende mit Deutschen Christen besetzt. Sie konnten also über einen längeren Zeitraum hin ihre Vorstellungen in kirchenpraktisches Handeln umsetzen. Ihre Richtlinien (**M 3**) enthalten alle Wesensmerkmale eines völkischen Christentums. In kirchenpolitischer Hinsicht waren sie sich vor allen in der Forderung einer »evangelischen Reichskirche« einig. Nur die radikale Thüringer Bewegung ging darüber hinaus. Sie verlangte die Bildung einer alle Konfessionen und religiösen Gruppen umfassenden »Nationalkirche«, zu der gleichsam alle Deutschen von Geburt an gehören sollten.

Die theologisch-politischen Vorstellungen und kirchenpraktischen Ambitionen der Deutschen Christen blieben nicht ohne Widerspruch. Gegen sie, insbesondere gegen die Einführung des Arierparagraphen in die Kirche, erhob sich ab 1933 eine Bewegung von Bekenntnischristen, ebenfalls von Pfarrern gegründet, die sich zunächst als »Pfarrernotbund« formierten. 1934 entstand dann daneben die »Bekennende Kirche«. Sie beharrte darauf, daß nur die Heilige Schrift und die Bekenntnisse der Alten Kirche und der Reformationszeit für den christlichen Glauben bindend sein sollten. Ihr wichtigstes Dokument ist die berühmte Theologische Erklärung von Barmen vom Mai 1934 (**M 4**). Ihre Mitglieder der Bekennenden Kirche widersetzten sich den Deutschen Christen und der von ihnen inszenierten Nazifizierung der Kirche. Als *Kirchenkampf* ist die Auseinandersetzung beider Bewegungen in die Kirchengeschichtsschreibung eingegangen. Für die Beurteilung Schneiders ist dabei von Bedeutung, daß die Bekennende Kirche nicht gegen den nationalsozialistischen Staat stand. Gegen ihn verstanden sie sich im allgemeinen gemäß Röm 13 als loyale Staatsbürger. Diese Position kommt besonders gut in einem Flugblatt zur Geltung, das die ostpreußische Bekennende Kirche im Jahre 1934 herausgegeben hat (**M 5**).

Auf diesem grob skizzierten Hintergrund muß der Fall Paul Schneider analysiert werden. Denn Schneider war sowohl Mitglied des Pfarrernotbundes als auch Pfarrer der Bekennenden Kirche und gewann aus solcher Mitgliedschaft sein christliches Selbstverständnis. Anfänglich war er noch unsicher gewesen. Sympathisierend mit dem Nationalsozialismus, war auch er für kurze Zeit Mitglied bei den Deutschen Christen. Dann aber fand er noch im Jahre 1933 zu einer klaren und radikalen Bekenntnisposition. Diesen Weg hat Schneider in den schweren Jahren des Dritten Reiches bis 1939 konsequent befolgt und ist an ihm nie irre geworden. Er ist diesen Weg allerdings in einer für ihn charakteristischen Weise gegangen, die ihn von anderen Mitgliedern der Bekennenden Kirche deutlich unterschied. Sie macht es sinnvoll, Schneiders Auseinandersetzungen mit dem Nationalsozialismus gesondert nachzuzeichnen. Umstritten ist dabei allerdings, inwieweit das widersätzliche Verhalten Schneiders nicht nur als theologischweltanschauliches, sondern auch als politisches (in welchem Sinne auch immer) verstanden werden kann.

1.2 Dokumente M 1 – M 5

M 1

Schneiders Bericht über eine Rede Hitlers am 1. Mai 1933

Hier auf dem Dorfplatz spielte sich nun alles ab: Die erste Feier mit dem Anhören der Jugendkundgebung, Feldgottesdienst, Gelegenheit zum Hören der Sendungen aus Berlin und vor allem als Schönstes die Feierstunde mit der Hitlerrede vom Tempelhoferfeld. Das ganze Dorf bis hin zum letzten Kommunisten war hierbei versammelt; ... und ich glaube, die Hitlerrede verfehlte ihren Eindruck nicht auf das ganze Dorf. Jedenfalls ist ihnen allen ein Licht von seinem sozialen Wollen aufgegangen. Bei mir wenigstens hat sie vollendet, was sich schon in den Tagen vorher angebahnt hatte, daß ich mich mit ganzem Vertrauen innerlich hinter Hitler stellen konnte. Ich bin nun noch nicht etwa zur N.S.D.A.P übergegangen, sondern stehe nach wie vor im christlich-sozialen Volksdienst als der evangelischen Bewegung mit ihrer klaren konfessionellen Ausprägung. Aber ich bin doch froh, daß ich die innere Freiheit zu einem vollen Ja zu Hitler und seiner Bewegung habe und als Pfarrer die Hand zu positiver Mitarbeit, natürlich von unserer religiösen Aufgabe aus, bieten kann. Die Kanzlerrede vor dem Reichstag hörten wir drüben in der Schule bei Lehrer Zeuge und wir waren auch tief davon erfaßt. Es war ja kein Wort, das man nicht auch als Christ hätte unterschreiben können. Man hat unbedingt den Eindruck, daß Hitler vom Geist Gottes bei seinem Reden und Handeln sich leiten läßt. Möge ihm Gott weiter das Herz stärken und ihm Weisheit schenken in all den schweren Entscheidungen, die er noch zu treffen haben wird. Wir dürfen ja nun auch das Vertrauen haben, daß man unserer Kirche gegenüber nicht zu weit greifen wird und daß die Leitung unserer Kirche in guten Händen liegt bei dem Einheitswerk und Verfassungsneubau. Wenn wir nur auch als Kirche den positiven Beitrag zum inneren Aufbau unseres Volkes leisten können, den wir ihm schuldig sind in unserer eigentlichen Amtsarbeit.

Auszug aus einem Brief Schneiders an seine Schwiegermutter vom 21. April 1933

Quelle: *Aichelin 1994*, 34-35

M 2

Hermann Tögel: »Persönliche Einstimmung« (1933)

Man kann sich die Bedeutung unserer denkwürdigen Zeit am leichtesten dadurch klar machen, daß man sie mit der Zeit der Reformation zusammenstellt. Beide Zeiten sind von großen Bewegungen des ganzen deutschen Volkes, die das gesamte deutsche Leben innerlich umformen, völlig ausgefüllt. Beidemal steht *ein* Mann im Mittelpunkt der Bewegung; *ein* Mann spricht für das ganze deutsche Volk und wird von dem ganzen deutschen Volke gehört. Hitler ist der politische Luther des deutschen Volkes. Auch in ihren Unvollkommenheiten sind beide Zeiten einander ähnlich. Wir dürfen nicht vergessen, daß in der deutschen Reformation neben dem großen Geistesgeschehen im einzelnen Unrecht und Anwendung von Gewalt vorgekommen ist. Von den Bilderstürmern reden wir jetzt ohne große Mißbilligung, und doch ist damals manches wertvolle Kunstwerk vernichtet worden. Luther hat diese Taten nicht gewollt; aber sie waren bei der Ausdehnung der Ereignisse kaum zu vermeiden. Unter den katholischen Geistlichen, die mit einem kargen Ruhegehalt beiseite gestellt wurden, gab es gewiß viele tüchtige Persönlichkeiten. Da die deutsche Staatsumwälzung von 1933 eine politische, keine religiöse Bewegung ist, so spielt in ihr die Gewalt eine größere Rolle als in der Reformation; denn Politik ist die Umsetzung von Gedanken und Gefühlen in das Gebiet der Macht, und Macht ist ohne Gewalt nicht zu behaupten.

Trotzdem ist der Führer dieser Bewegung kein bloßer Machthaber. Als ich in der Zeit nach der Staaatsumwälzung eine Rede Hitlers durch Radioübertragung gehört hatte, faßte ein Mitglied meiner Familie seinen Eindruck in die Worte zusammen: »Bei Gott ist kein Ding unmöglich.« Damit gab es den Gefühlen Ausdruck, die mich selbst bewegten. Es ist Gott möglich, daß er aus einer ganz abgelegenen Ecke Deutschlands, aus einer bescheidenen Schicht der deutschen Bevölkerung, plötzlich einen Mann vor das deutsche Volk gleichsam als dessen Verkörperung treten lassen kann, und daß dieser Mann wie einer, der Vollmacht hat, redet. Es ist etwas ganz Unerhörtes, mit welcher Schlichtheit und doch mit welcher unglaublichen Wucht Hitler nicht nur Worte spricht, sondern auch Taten tut, die ganz leicht verständlich sind, und die doch niemand zuvor für möglich gehalten hat. Auch Luther war groß und war doch nur »eines Bauern Sohn«; aber er hatte immerhin zuvor hohe Schulen besucht und war, ehe er hervortrat, schon ein in seinem Kreise geschätzter Hochschullehrer. Bei Hitler, der keine besondere Schulbildung genossen hat, ist das Wunder noch größer. Obwohl ich gar nicht daran denke, ihn neben den Heiland zu stellen, obwohl ich ihn zwar für einen politischen Großgeist, auch für einen religiösen Menschen, aber keineswegs für einen religiösen Führer halte, trotzdem muß ich gestehen, daß mir durch Hitlers Auftreten auch das Auftreten Jesu, des Zimmermanns aus dem galiläischen Weltwinkel, noch anschaubarer und wirklicher geworden ist.

Quelle: *Tögel 1933*, 1-2

M 3
Richtlinien der Deutschen Christen vom 6. Juni 1932

1 Diese Richtlinien wollen allen gläubigen deutschen Menschen Wege und Ziele zeigen, wie sie zu einer Neuordnung der Kirche kommen. Diese Richtlinien wollen weder ein Glaubensbekenntnis sein oder ersetzen, noch an den Bekenntnisgrundlagen der evangelischen Kirche rütteln. Sie sind ein Lebensbekenntnis.

2 Wir kämpfen für einen Zusammenschluß der im »Deutschen Evangelischen Kirchenbund« zusammengefaßten 29 Kirchen zu einer evangelischen Reichskirche und marschieren unter dem Ruf und Ziel: »*Nach außen eins und geistgewaltig, um Christus und sein Wort geschart, nach innen reich und vielgestaltig, ein jeder Christ nach Ruf und Art!*« (nach Geibel).

3 Die Liste »Deutsche Christen« will keine kirchenpolitische Partei in dem bisher üblichen Sinne sein. Sie wendet sich an alle evangelischen Christen deutscher Art. Die Zeit des Parlamentarismus hat sich überlebt, auch in der Kirche. Kirchenpolitische Parteien haben keinen religiösen Ausweis, das Kirchenvolk zu vertreten, und stehen dem hohen Ziel entgegen, ein Kirchenvolk zu werden. Wir wollen eine lebendige Volkskirche, die Ausdruck aller Glaubenskräfte unseres Volkes ist.

4 Wir stehen auf dem Boden des positiven Christentums. Wir bekennen uns zu einem bejahenden artgemäßen Christusglauben, wie er deutschem Luthergeist und heldischer Frömmigkeit entspricht.

5 Wir wollen das wiedererwachte deutsche Lebensgefühl in unserer Kirche zur Geltung bringen und unsere Kirche lebenskräftig machen. In dem Schicksalskampf um die deutsche Freiheit und Zukunft hat die Kirche in ihrer Leitung sich als zu schwach erwiesen. Die Kirche hat bisher nicht zum entschiedenen Kampf gegen den gottfeindlichen Marxismus und das geistfremde Zentrum aufgerufen, sondern mit den politischen Parteien dieser Mächte einen Kirchenvertrag geschlossen. Wir wollen, daß unsere Kirche in dem Entscheidungskampf um Sein oder Nichtsein unseres Volkes an der Spitze kämpft. Sie darf nicht abseits stehen oder gar von den Befreiungskämpfern abrücken.

6 Wir verlangen eine Abänderung des Kirchenvertrages (politische Klausel) und Kampf gegen den religions- und volksfeindlichen Marxismus und seine christlich-sozialen Schleppenträger aller Schattierungen. Wir vermissen bei diesem Kirchenvertrag das

trauende Wagnis auf Gott und die Sendung der Kirche. Der Weg ins Reich Gottes geht durch Kampf, Kreuz und Opfer, nicht durch falschen Frieden.

7   Wir sehen in Rasse, Volkstum und Nation uns von Gott geschenkte und anvertraute Lebensordnungen, für deren Erhaltung zu sorgen, uns Gottes Gesetz ist. Daher ist der Rassenmischung entgegenzutreten. Die deutsche Äußere Mission ruft auf Grund ihrer Erfahrung dem deutschen Volke seit langem zu: »Halte deine Rasse rein!« und sagt uns, daß der Christusglaube die Rasse nicht zerstört, sondern vertieft und heiligt.

8   Wir sehen in der recht verstandenen Inneren Mission das lebendige Tatchristentum, das aber nach unserer Auffassung nicht im bloßen Mitleid, sondern im Gehorsam gegen Gottes Willen und im Dank gegen Christi Kreuzestod wurzeit. Bloßes Mitleid ist Wohltätigkeit und wird zur Überheblichkeit, gepaart mit schlechtem Gewissen, und verweichlicht ein Volk. Wir wissen etwas von der christlichen Pflicht und Liebe den Hilflosen gegenüber, wir fordern aber auch Schutz des Volkes vor den Untüchtigen und Minderwertigen. Die Innere Mission darf keinesfalls zur Entartung unseres Volkes beitragen. Sie hat sich im übrigen von wirtschaftlichen Abenteuern fernzuhalten und darf nicht zum Krämer werden.

9   In der Judenmission sehen wir eine schwere Gefahr für unser Volkstum. Sie ist das Eingangstor fremden Blutes in unsern Volkskörper. Sie hat neben der Äußeren Mission keine Daseinsberechtigung. Wir lehnen die Judenmission in Deutschland ab, solange die Juden das Staatsbürgerrecht besitzen und damit die Gefahr der Rassenverschleierung und -bastardierung besteht. Die Heilige Schrift weiß auch etwas zu sagen von heiligem Zorn und sich versagender Liebe. Insbesondere ist die Eheschließung zwischen Deutschen und Juden zu verbieten.

10 Wir wollen eine evangelische Kirche, die im Volkstum wurzelt, und lehnen den Geist eines christlichen Weltbürgertums ab. Wir wollen die aus diesem Geist entspringenden verderblichen Erscheinungen wie Pazifismus, Internationale, Freimaurertum usw. durch den Glauben an unsere von Gott befohlene völkische Sendung überwinden. Die Zugehörigkeit eines evangelischen Geistlichen zur Freimaurerloge ist nicht statthaft. Diese zehn Punkte der Liste »Deutsche Christen« rufen zum Sammeln und bilden in großen Linien die Richtung für eine kommende evangelische Reichskirche, die unter Wahrung konfessionellen Friedens die Kräfte unseres reformatorischen Glaubens zum Besten des deutschen Volkes entwickeln wird. 26.5.1932

Quelle: *Krumwiede 1980*, 118-119

M 4

Die Barmer »Theologische Erklärung zur gegenwärtigen Lage der Deutschen Evangelischen Kirche« (Mai 1933)

Wir, die zur Bekenntnissynode der Deutschen Evangelischen Kirche vereinigten Vertreter lutherischer, reformierter und unierter Kirchen, freier Synoden, Kirchentage und Gemeindekreise erklären, daß wir gemeinsam auf dem Boden der Deutschen Evangelischen Kirche als eines Bundes der deutschen Bekenntniskirchen stehen. Uns fügt dabei zusammen das Bekenntnis zu dem einen Herrn der einen, heiligen, allgemeinen und apostolischen Kirche.

Wir erklären vor der Öffentlichkeit aller evangelischen Kirchen Deutschlands, daß die Gemeinsamkeit dieses Bekenntnisses und damit auch die Einheit der Deutschen Evangelischen Kirche aufs schwerste gefährdet ist. Sie ist bedroht durch die in dem ersten Jahr des Bestehens der Deutschen Evangelischen Kirche mehr und mehr sichtbar gewordene Lehr- und Handlungsweise der herrschenden Kirchenpartei der Deutschen Christen und des von ihr getragenen Kirchenregimentes. Diese Bedrohung besteht darin, daß die theologische Voraussetzung, in der die Deutsche Evangelische Kirche vereinigt ist, sowohl seitens der Führer und Sprecher der Deutschen Christen als auch seitens des Kirchenregimentes dauernd und grundsätzlich durch fremde Voraussetzungen durchkreuzt und unwirksam gemacht wird. Bei deren Geltung hört die Kirche nach allen bei uns in Kraft stehenden Bekenntnissen auf, Kirche zu sein. Bei deren Geltung wird also auch die Deutsche Evangelische Kirche als Bund der Bekenntniskirchen innerlich unmöglich. Gemeinsam dürfen und müssen wir als Glieder lutherischer, reformierter und unierter Kirchen heute in dieser Sache reden. Gerade weil wir unseren verschiedenen Bekenntnissen treu sein und bleiben wollen, dürfen wir nicht schweigen, da wir glauben, daß uns in einer Zeit gemeinsamer Not und Anfechtung ein gemeinsames Wort in den Mund gelegt ist. Wir befehlen es Gott, was dies für das Verhältnis der Bekenntniskirchen untereinander bedeuten mag.

Wir bekennen uns angesichts der die Kirche verwüstenden und damit auch die Einheit der Deutschen Evangelischen Kirche sprengenden Irrtümer der »Deutschen Christen« und der gegenwärtigen Reichskirchenregierung zu folgenden evangelischen Wahrheiten:

1 »*Ich bin der Weg und die Wahrheit und das Leben; niemand kommt zum Vater denn durch mich« (Joh. 14,6).*

»*Wahrlich, wahrlich ich sage euch: Wer nicht zur Tür hineingeht in den Schafstall, sondern steigt anderswo hinein, der ist ein Dieb und ein Mörder. Ich bin die Tür; so jemand durch mich eingeht, der wird selig werden*« *(Joh. 10,1.9).*

Jesus Christus, wie er uns in der Heiligen Schrift bezeugt wird, ist das eine Wort Gottes, das wir zu hören, dem wir im Leben und im Sterben zu vertrauen und zu gehorchen haben.

Wir verwerfen die falsche Lehre, als könne und müsse die Kirche als Quelle ihrer Verkündigung außer und neben diesem einen Worte Gottes auch noch andere Ereignisse und Mächte, Gestalten und Wahrheiten als Gottes Offenbarung anerkennen.

2 »*Jesus Christus ist uns gemacht von Gott zur Weisheit und zur Gerechtigkeit und zur Heiligung und zur Erlösung*« *(1. Kor. 1,30).*

Wie Jesus Christus Gottes Zuspruch der Vergebung aller unserer Sünden ist, so und mit gleichem Ernst ist er auch Gottes kräftiger Anspruch auf unser ganzes Leben; durch ihn widerfährt uns frohe Befreiung aus den gottlosen Bindungen dieser Welt zu freiem dankbaren Dienst an seinen Geschöpfen.

Wir verwerfen die falsche Lehre, als gebe es Bereiche unseres Lebens, in denen wir nicht Jesus Christus, sondern anderen Herren zu eigen wären, Bereiche, in denen wir nicht der Rechtfertigung und Heiligung durch ihn bedürften.

3 »*Lasset uns aber rechtschaffen sein in der Liebe und wachsen in allen Stücken an dem, der das Haupt ist, Christus, von welchem aus der ganze Leib zusammengefügt ist*« *(Eph. 4,15-16).*

Die christliche Kirche ist die Gemeinde von Brüdern, in der Jesus Christus in Wort und Sakrament durch den Heiligen Geist als der Herr gegenwärtig handelt. Sie hat mit ihrem Glauben wie mit ihrem Gehorsam, mit ihrer Botschaft wie mit ihrer Ordnung mitten in der Welt der Sünde als die Kirche der begnadigten Sünder zu bezeugen, daß sie allein sein Eigentum ist, allein von seinem Trost und von seiner Weisung in Erwartung seiner Erscheinung lebt und leben möchte.

Wir verwerfen die falsche Lehre, als dürfe die Kirche die Gestalt ihrer Botschaft und ihrer Ordnung ihrem Belieben oder dem Wechsel der jeweils herrschenden weltanschaulichen und politischen Überzeugungen überlassen.

4 »*Ihr wisset, daß die weltlichen Fürsten herrschen und die Oberherren haben Gewalt. So soll es nicht sein unter euch; sondern so jemand will unter euch gewaltig sein, der sei euer Diener*« *(Matth. 20,25-26).*

Die verschiedenen Ämter in der Kirche begründen keine Herrschaft der einen über die anderen, sondern die Ausübung des der ganzen Gemeinde anvertrauten und befohlenen Dienstes.

Wir verwerfen die falsche Lehre, als könne und dürfe sich die Kirche abseits von diesem Dienst besondere, mit Herrschaftsbefugnissen ausgestattete Führer geben oder geben lassen.

5 »Fürchtet Gott, ehret den König!« (1. Petr. 2,17).

Die Schrift sagt uns, daß der Staat nach göttlicher Anordnung die Aufgabe hat, in der noch nicht erlösten Welt, in der auch die Kirche steht, nach dem Maß menschlicher Einsicht und menschlichen Vermögens unter Androhung und Ausübung von Gewalt für Recht und Frieden zu sorgen.

Die Kirche erkennt in Dank und Ehrfurcht gegen Gott die Wohltat dieser seiner Anordnungen an. Sie erinnert an Gottes Reich, an Gottes Gebot und Gerechtigkeit und damit an die Verantwortung der Regierenden und Regierten. Sie vertraut und gehorcht der Kraft des Wortes, durch das Gott alle Dinge trägt.

Wir verwerfen die falsche Lehre, als solle und könne der Staat über seinen besonderen Auftrag hinaus die einzige und totale Ordnung menschlichen Lebens werden und also auch die Bestimmung der Kirche erfüllen.

Wir verwerfen die falsche Lehre, als solle und könne sich die Kirche über ihren besonderen Auftrag hinaus staatliche Art, staatliche Aufgaben und staatliche Würde aneignen und damit selbst zu einem Organ des Staates werden.

6 »Siehe, ich bin bei euch alle Tage bis an der Welt Ende« (Matth. 28,20). »Gottes Wort ist nicht gebunden« (2. Tim. 2,9).

Der Auftrag der Kirche, in welchem ihre Freiheit gründet, besteht darin, an Christi Statt und also im Dienst seines eigenen Wortes und Werkes durch Predigt und Sakrament die Botschaft von der freien Gnade Gottes auszurichten an alles Volk.

Wir verwerfen die falsche Lehre, als könne die Kirche in menschlicher Selbstherrlichkeit das Wort und Werk des Herrn in den Dienst irgendwelcher eigenmächtig gewählter Wünsche, Zwecke und Pläne stellen.

Die Bekenntnissynode der Deutschen Evangelischen Kirche erklärt, daß sie in der Anerkennung dieser Wahrheiten und in der Verwerfung dieser Irrtümer die unumgängliche theologische Grundlage der Deutschen Evangelischen Kirche als eines Bundes der Bekenntniskirchen sieht. Sie fordert alle, die sich ihrer Erklärung anschließen können, auf, bei ihren kirchenpolitischen Entscheidungen dieser theologischen Erkenntnisse eingedenk zu sein. Sie bittet alle, die es angeht, in die Einheit des Glaubens, der Liebe und der Hoffnung zurückzukehren.

Verbum Dei manet in aeternum

Quelle: Krumwiede 1980, 117-119

Flugblatt der Bekennenden Kirche von 1934

Wir sagen

„Ja" **zum Hakenkreuz,** dem Siegeszeichen Adolf Hitlers, dem Siegeszeichen des Nationalsozialismus, dem Zeichen der Hoffnung unsres geeinten Deutschen Reiches. Gern und freudig flaggen wir unsre Häuser und Kirchen mit der Hakenkreuzfahne und bezeugen damit vor aller Welt: Wir folgen dem Führer! Wir gehorchen dem Führer als unsrer gottgegebenen Obrigkeit! Römer 13 zeigt jedem evangelischen Christen klar den Weg. „Arbeit und Freiheit für jeglichen Stand. / Kämpferland, Hitlerland, / Schirm dich Gottes Hand."

Wir sagen

„Ja" **zum Kreuz unsers Herrn und Heilandes Jesus Christus,** dem Zeichen der Schuld einer gottentfremdeten Welt, dem Siegeszeichen des ewigen Gottes auf dieser Erde. Hier am Kreuz auf Golgatha ist einmal in dieser Welt das Gottesgebot erfüllt: „Du sollst Gott deinen Herrn lieben von ganzem Herzen und deinen Nächsten wie dich selbst." Deshalb predigen wir den gekreuzigten Christus, den Juden ein Aergernis und den Griechen eine Torheit, denen aber, die berufen sind, göttliche Kraft und göttliche Weisheit. O du hochheil'ges Kreuze, / daran der Welt Verlangen, / unser Herr gehangen. Du bist des Himmels Schlüssel, / du schließest auf das Leben, / so uns durch dich gegeben.

Wir sagen

„Nein" **zum Abzeichen der „Deutschen Christen",** das Hakenkreuz und Christuskreuz vermengt. Diese Vermischung ist unklar und unbiblisch. Leider ist aber so die ganze Tätigkeit der „Deutschen Christen". Ihr Ziel: Ein Volk, ein Staat, eine Kirche! (so Reichsbischof Müller), Ueberwindung der Konfessionen! (so Rechtswalter Jaeger), Artgemäßes Christentum, deutsche Nationalkirche! (so verschiedentlich in Broschüren der D.C.). Das ist Religionsmengerei, die wir verwerfen, und wenn man tausend Mal beteuert: Aber es soll doch vom Evangelium nichts genommen werden. Richtig, es wird nichts genommen, aber es wird zu dem klaren frischen Trunk des Gottesworts Menschenweisheit hinzugefügt, und das ist eine ebenso schlimme Verpanschung. Ebenso lehnen wir es ab, politische Mittel in der kirchlichen Arbeit zu gebrauchen. Wir wollen mit allen Volksgenossen treu zusammenstehen, aber wir bleiben bei unsrer Losung:

Reinigung und Einigung unsrer Kirche in Jesus Christus allein, unserm Heiland und unserm Herrn, unserm Erlöser und Versöhner, unserm ewigen König!

Erneuerung unsrer Kirche durchs Evangelium, und auf dem Boden von Schrift und Bekenntnis allein!

Dein Wort ist unsers Herzens Trutz, / und Deiner Kirche wahrer Schutz; dabei erhalt uns lieber Herr, / daß wir nichts andres suchen mehr.

Quelle: *Petri/Thierfelder 1995, 323*

2   Paul Schneider (1933-1939)

2.1   Chronik der Konflikte

[1933] In eine erste Auseinandersetzung mit den Nationalsozialisten geriet Schneider 1933 in Hochelheim und Dornholzhausen (Kreis Wetzlar), wo er seit 1926 seine erste Pfarrstelle innehatte. Kein Geringerer nämlich als der Stabschef der SA, *Werner Röhm*, hatte sich im September 1933 in einem weitverbreiteten Zeitungsartikel über das »Muckertum« und allzu strenge christliche Moralauffassungen, besonders im Hinblick auf Frauen, mokiert und hatte eine dem nationalsozialistischen Geist entsprechende großzügigere Moraleinstellung gefordert (**M 6**). Nachdem sich, wie er es erhofft hatte, die Kirchenleitung in Koblenz zu dem Artikel nicht weiter geäußert hatte, griff Schneider selbst ein, prangerte in einem Papier die laxen Vorstellungen Röhms über Sittlichkeit und Keuschheit an und hängte seine Stellungnahme im Bekanntmachungskasten der Gemeinde öffentlich aus. Zuvor hatte er sie in beiden Gottesdiensten verlesen (**M 7**). In gleicher Weise ging er wenige Tage später gegen ein Werbeblatt der Hitlerjugend vor, weil in ihm seiner Meinung nach die evangelische Jugendarbeit massiv angegriffen worden war. Die NSDAP fühlte sich von beiden Aktionen betroffen, wertete die ausgehängten Papiere als politische Äußerungen und reagierte. Die Protestschreiben wurden von dem Hochelheimer Stützpunktleiter der NSDAP aus dem Bekanntmachungskasten gewaltsam entfernt.
Außerdem wurde seitens der Partei die kirchliche Oberbehörde Schneiders, das Evangelische Konsistorium der Rheinprovinz in Koblenz, darüber informiert, daß Schutzhaft für Schneider vorgesehen sei, wenn er nicht vom Pfarramt beurlaubt werde. Das deutschchristliche Konsistorium kam dem sogleich nach und sprach die Beurlaubung aus. Sie wurde allerdings nicht wirksam, weil sich beide Gemeindepresbyterien hinter ihren Pfarrer gestellt hatten und man Unruhe in den Gemeinden befürchtete. Überdies nahm Schneider seinen Protest zurück und versicherte seine loyale Zusammenarbeit mit staatlichen und parteiamtlichen Instanzen. So wurde die Beurlaubung zurückgenommen. Schließlich wurde kirchlicherseits von Schneider verlangt, daß er in Zukunft Bemerkungen in »politischen Dingen« (*Aichelin 1994*, 51) zu unterlassen habe. Außerdem müsse er sich im

konfliktreichen Nebeneinander von Hitlerjugend und kirchlicher Jugendarbeit kompromißbereiter zeigen. Beides sicherte Schneider zu. Die Sache war also für Schneider glimpflich ausgegangen. Aber durch sie war er sowohl im Konsistorium als auch durch alle Parteigliederungen hindurch bis zur Gauleitung der NSDAP bekannt geworden, und zwar als einer, der *politisch* auffällig geworden war. Nicht so sehr die Inhalte waren es wohl, welche die Aufmerksamkeit der Partei erregten. Sie waren vergleichsweise harmlos und stellten vor allem keine weltanschaulichen Essentials der NSDAP zur Disposition. Sie zeigen eher einen in Sachen Moral ziemlich konservativ eingestellten Pfarrer. Vielmehr wurde die Sache dadurch zum Fall, daß Schneider sich nicht scheute, mit führenden Vertretern der neuen politischen Gewalt einen Konflikt vom Zaun zu brechen. Außerdem mußte die Art und Weise seines Vorgehens Unwillen hervorrufen. Denn Schneider hatte immerhin sowohl Röhm als auch die Hitlerjugend öffentlich vorgeführt. Außerdem hatte er mindestens auf indirekte Weise den Totalitätsanspruch der Partei in Frage gestellt.

Der Stützpunktleiter der NSDAP Hochelheim befand, daß die Aktionen Schneiders geeignet seien, »Unruhe und Mißverständnisse unter der Bevölkerung hervorzurufen« (Schreiben vom 10. Oktober 1933; *Wentorf 1989*, 62). Der zuständige (deutschchristliche!) Bischof in Koblenz, Heinrich Oberheid, hielt Schneider vor, daß sein Handeln »eine starke politische Störung« (Schreiben vom 13. Oktober 1933; *Wentorf 1989*, 65) darstelle. Der NS-Landrat des Kreises Wetzlar bekundete aufgrund des Vorfalls, daß Schneider »durch seine Haltung den Eindruck erweckt, als ob er nicht voll auf dem Boden des heutigen Staates steht« (Schreiben vom 14. Oktober 1933; *Wentorf 1989*, 66). In einem Bericht eines Vertreters des Konsistoriums, der ein Gespräch mit Schneider geführt hatte, wird dargestellt, »daß er [Schneider] ein etwas eigensinniger und eigenwilliger Mensch ist, der nicht leicht von seinen Ansichten abzubringen ist und infolgedessen auch für die Zukunft noch Anlaß zu Schwierigkeiten geben wird. Er sieht jedoch ein, daß er in vielen Fällen zumindest unklug gehandelt hat, und sagte zu, sich hinsichtlich der Politik fortab völlig zurückzuhalten« (Bericht vom 20. Oktober; *Wentorf 1989*, 69). In einem anderen Bericht aus dieser Zeit an die Kirchenleitung wird bestätigt, daß Pfarrer Schneider in seiner Amtsführung untadelig sei, sich aber »oft in persönliche Angelegenheiten mische und dabei mehr schlecht als gut mache« (undatierter Bericht; *Wentorf 1989*, 69).

[1934; Frühjahr] Der nächste Konflikt ließ nicht lange auf sich warten. Es ging wieder um das Thema Sexualmoral. Anlaß war diesmal ein ebenfalls weitverbreiteter Aufsatz ausgerechnet des Reichspropagandaministers *Dr. Joseph Goebbels* mit dem Titel »Mehr Moral, aber weniger Moralin«. Er hatte eine ähnliche Tendenz wie die Einlassungen von Röhm. In einer Predigt vom 28. Januar 1934 (**M 21**) kritisierte

Schneider u.a. Freiheiten auf erotischem Gebiet, die der Autor der Frau zubilligen wolle und die seiner Meinung nach dem zuchtvollen und schamhaften Verhalten der Frau nach christlichem Verständnis entgegenstehen. Außerdem hatte der Prediger verlauten lassen, daß die im »Mythus des 20. Jahrhunderts« vertretenen Auffassungen blankes Heidentum darstellen. Er, Schneider, könne noch nicht glauben, daß die Gedanken Rosenbergs die Weltanschauung des nationalsozialistischen Deutschland seien oder es werden sollten. Die Brisanz dieses Angriffs ergibt sich daraus, daß Rosenberg nur wenige Tage vor der Predigt Schneiders, nämlich am 25. Januar 1934, zum »Beauftragten des Führers für die Überwachung der gesamten geistigen und weltanschaulichen Schulung und Erziehung der NSDAP« ernannt worden war.

Albrecht Aichelin ist der Auffassung, die Predigt vom 28. Januar 1934 zeige, »daß der Hochelheimer Pfarrer auf Distanz zum NS-Regime zu gehen begann« (*Aichelin 1994*, 69). Er untermauert sie mit einer Bemerkung Schneiders in einem Privatbrief vom 29. Januar 1934, in dem es u.a. heißt: »Ich glaube nicht, dass unsere evangelische Kirche um eine Auseinandersetzung mit dem N.S.-Staat herumkommen wird, dass es nicht einmal geraten ist, diese noch länger aufzuschieben, bei allem schuldigen christlichen Gehorsam« (*Aichelin 1994*, 69).

Schon am nächsten Tag reagierte die NSDAP auf die Predigt. Es gab einen Bericht des NSDAP-Stützpunktleiters von Dornholzhausen über die »Hetzpredigt« Schneiders, in dem besonders die Einlassungen des Predigers über Goebbels und Rosenberg übel vermerkt waren. Die Auseinandersetzung nahm nun einen ähnlichen Verlauf, wie bei dem Konflikt um den Artikel Röhms. Auch in diesem Falle wirkten Partei, Regierung und das rheinische Konsistorium zusammen, um Schneider in eine andere Stelle zu versetzen. Die Partei hatte sich allerdings diesmal gegenüber dem Konsistorium durchsetzen können. Die Versetzung wurde definitiv veranlaßt. Am Ende widerrief Schneider auch jetzt wieder sein öffentliches Auftreten. Das Konsistorium registrierte den Widerruf mit einer gewissen Genugtuung. Schweren Herzens willigte Schneider in seine Versetzung ein.

Die Versetzung wurde dadurch begünstigt, daß das Presbyterium wegen einer innerkirchlichen Querele diese auch seinerseits gefordert hatte. Denn Schneider hatte eine von ihm als unwahrhaftig empfundenen volkskirchliche Sitte des Jugendabendmahls zu Weihnachten außer Kraft gesetzt, ohne das Presbyterium zu befragen. Letzteres war hier also in seinem Selbstverständnis berührt.

Die Auseinandersetzungen mit der NSDAP im Jahre 1933 waren also seitens Schneiders von zwei Punkten her bestimmt: Zum einen bestritt er auf eine mehr indirekte Weise den Totalitätsanspruch der Partei. Zum anderen scheute er sich zu diesem Zweck nicht, auch führende Männer der Bewegung anzugreifen. Hitler und den nationalsozialistischen Staat hatte er dabei aber offensichtlich nicht im Blick.

[1934] Schneider war noch kaum fünf Wochen in seiner neuen Huns-
rück-Gemeinde Dickenschied mit der Filialgemeinde Womrath tätig,
als sich ein neuer Konflikt anbahnte. Der Pfarrer hatte am 11. Juni
1934 im Nachbarort Gemünden für einen Kollegen eine Beerdigung
zu übernehmen. Gestorben war ein Hitlerjunge, genauer: der erste
Hitlerjunge des Gaus. Entsprechend war die Beteiligung von NS-For-
mationen bei der Beerdigung auf dem Friedhof. Noch bevor der Pfarrer den Segen gesprochen hatte, trat der Kreisleiter der NSDAP vor
und führte u.a. aus, daß der Verstorbene nun in den Sturm Horst Wessel hinübergegangen sei. Dem widersprach Schneider öffentlich. Daraufhin wiederholte der Kreisleiter seine Aussage, der Schneider wie-
derum mit einem Protest begegnete, in dem er für die Reinheit der
evangelischen Lehre eintrat. *Horst Wessel* (gestorben 1930), Student
und prominenter Nationalsozialist, ist der Verfasser des nach ihm be-
nannten »Horst-Wessel-Liedes« (»Die Fahne hoch ...«).
Die Angelegenheit, über die Schneider selbst berichtet hat (**M 9**), hatte beträchtliche Folgen. Denn der Kreisleiter ließ sich auf ein freundlich angebotenes Gepräch mit Schneider nicht ein: Nicht »politische
Reaktion« habe ihn ja geleitet, sondern vielmehr »sein pfarrerliches,
in Gott gebundenes Gewissen«. Im übrigen habe er nichts gegen einen
irdischen Sturm Horst Wessel. Aber man könne mit ihm nicht in die
ewige Seligkeit eingehen. Das sei vielleicht »Deutscher Glaube«, nicht
aber schriftgemäßer evangelischer Glaube (*Wentorf 1989*, 105).
Schneider wurde aufgrund des Vorfalls in Schutzhaft genommen. Mit
Schutzhaft konnten Bürger ohne gesetzliche Beschränkung beliebig
lange gefangengesetzt werden. Sechs Tage währte die Haft. Während
dieser Zeit hat sich das Konsistorium in Koblenz nicht um ihn geküm-
mert. Wohl aber erfuhr er viel Solidarität von seinen Gemeinden in
Dickenschied und Womrath, die sich hinter ihn stellten und seine
Freigabe forderten. Schließlich habe er das klare Evangelium am Grabe verkündigt und »sich nicht im geringsten gegen den Staat oder wider seine Führer verfehlt« (*Aichelin 1994*, 88). Das Dickenschieder
Presbyterium wies in einem Schreiben an den Koblenzer Regierungs-
präsidenten eigens auf die Staatsloyalität ihres Pfarrers hin. Jeden
Sonntag bete er im Gottesdienst für die Führer des neuen Staates. Gegen die Verhaftung Schneiders protestierte auch die Bekennende Kirche. Die Pfarrbruderschaft, der er angehörte, fand es »unverständlich,
wie das rein religiös-christlich motivierte Verhalten unseres Amts-
bruders Schneider zu einem politischen Vergehen gegen den heutigen
Staat, den er ebenso anerkennt wie wir, mißdeutet werden konnte«
(*Wentorf 1989*, 107). Auch der stellvertretende Landrat in Koblenz
gab bei Schneiders Entlassung den Rat, er möge sich in Zukunft
»staatsfeindlicher Äußerungen« enthalten (*Aichelin 1994*, 91). Erneut
hatte Schneider den Absolutheitsanspruch des Nationalsozialismus
kritisiert und eine führende Persönlichkeit der Bewegung korrigiert.

[1935; Frühjahr] Im März 1935 befand sich Schneider erneut im Gefängnis. Die Haft dauerte allerdings nur eine Nacht. Mit vielen anderen Pfarrern hatte er das Verbot des preußischen Staates mißachtet, eine Verlautbarung der Bekenntnissynode von Dahlem (Oktober 1934) auf der Kanzel zu verlesen. Denn in dem Papier hatte die Synode vor der tödlichen Gefahr einer »neuen Religion« gewarnt, was die Bewegung durchaus auf sich beziehen konnte. Unheil drohte Schneider hier allerdings nicht; denn mit ihm waren 715 Pfarrer verhaftet worden. Zweimal hatte sich Schneider nun schon, wie er selbst feststellte, wieder zurückgenommen. Diesmal behauptete er sich gegen eine staatliche Anordnung. Aichelin urteilt dazu: »Inzwischen war er nicht mehr bereit, ohne weiteres nachzugeben, sein Denken und Handeln hatten sich radikalisiert. Zum ersten Mal verweigerte er sich einer staatlichen Anordnung und nahm dafür Gefängnishaft in Kauf. Damit gab er seinem Dissens gegenüber dem NS-Regime erneut entschieden und öffentlich Ausdruck« (*Aichelin 1994*, 103).

[1935; Herbst] Ein weiterer Anstoß zum Konflikt ergab sich dadurch, daß Schneider sich weigerte, die Konfirmandenstunde mit dem deutschen Gruß zu eröffnen und zu beschließen. Er begründete sein Verhalten damit, daß auch der Gottesdienst als kirchliche Veranstaltung frei davon bliebe. Der Pfarrer ging aber noch einen Schritt weiter, indem er die Verpflichtung zum Heil-Hitler-Gruß generell ablehnte, denn sie mache »das deutsche Volk zu einem Volk von Heuchlern und Heloten« (*Wentorf 1989*, 114).

Der Fall kam zunächst einmal wieder an das Konsistorium, das inzwischen nach Düsseldorf umgezogen war. Dort schlug man die folgende gemäßigte Linie ein: Die Entbietung des Grußes sei an sich bei einer kirchlichen Veranstaltung nicht nötig. Da aber der Unterricht in Dikkenschied (mangels geeigneter kirchlicher Räume) in der Schule stattfinde, sei es angebracht, sich den Gepflogenheiten des Hauses anzupassen. Zuvor hatte man noch Schneider zu bedenken gegeben, daß die Verweigerung des deutschen Grußes ihm nicht nur politische Feindschaft eintrage, sondern dem Ansehen der ganzen Pfarrerschaft schade, auch dem der Bekennenden Kirche (*Wentorf 1989*, 115). Aber Schneider ging auf den Weg des Konsistoriums nicht weiter ein. Denn er erkannte es nicht mehr als seine kirchliche Oberbehörde an. Die sei für ihn die Evangelische Bekenntnissynode im Rheinland und der dieselbe zwischen den Synoden vertretende Rheinische Bruderrat. Der Bruderrat habe aber seine, Schneiders, Handlung bereits gebilligt (*Wentorf 1989*, 116).

Unabhängig vom kirchlichen Vorgehen nahm sich der Regierungspräsident in Koblenz der Sache Schneider an. Er bezeichnet den Pfarrer als »ausgesprochenen Feind des heutigen Staates« und gab zu bedenken, ob es nicht an der Zeit wäre, ihn ganz aus dem Amt zu entfernen (Schreiben von Ende Oktober 1935; *Wentorf 1989*, 114f). Wieder war

also eine an sich rein kirchliche Angelegenheit zu einem politischen
Fall geworden. Das Ergebnis der Auseinandersetzung war dann ebenfalls ein politisches. Man nötigte Schneider zwar nicht den deutschen
Gruß ab und verhängte auch sonst keine weiteren Maßnahmen gegen
ihn. Ihm wurde allerdings unter Mißachtung der bestehenden Rechts-
lage polizeilich untersagt, für den Konfirmandenunterricht weiterhin
die schulischen Räume zu benutzen. Wegen seiner grundsätzlichen
Einwände gegen den deutschen Gruß sind Schneider allerdings keine
weiteren Schwierigkeiten gemacht worden.
Margarete Schneider hat später gesagt, daß ihr Mann nie die Hand
zum Hitlergruß erhoben hat.
[1936] Neben den beschriebenen Anklagen über Schneider gingen
eine Reihe weiterer Beschwerden über ihn beim Bürgermeisteramt
ein. Zwar konnte er sie als Verleumdungen und Verdrehungen entlar-
ven. Aber sie trugen dazu bei, ihn in ein ungünstiges politisches Licht
zu rücken. Nach Erinnerung von Margarete Schneider sollen im Win-
ter 1935/36 ungefähr 12 Anzeigen gegen ihn erstattet worden sein
(*M. Schneider 1957*, 66).
Von weitreichenderer Bedeutung war der Wahlboykott des Ehepaars
Schneider bei den Reichstagswahlen am 29. März 1936. In Deutschland herrschte zu dieser Zeit eine gewisse Hochstimmung. Denn am
7. März war die deutsche Wehrmacht in das zuvor entmilitarisierte
Rheinland einmarschiert. Hitler hatte damit einen weiteren wichtigen
Schritt getan, um den Versailler Vertrag aus den Angeln zu heben.
Durch die Wahl sollte Hitlers Vorgehen gleichsam außenpolitisch
sanktioniert werden.
Das Ehepaar Schneider boykottierte die Wahl. Denn man konnte nicht
über politische Alternativen abstimmen, sondern lediglich mit »Ja«.
Diese Wahlfarce wollten die Schneiders in provozierender Absicht
deutlich machen. Statt Abgabe einer anonymen Nein-Stimme blieben
sie am Wahltag zuhause. Die Partei reagierte prompt. Am nächsten
Sonntag fand sich am Pfarrhaus in großen Schriftzügen die Parole
aufgetragen: »Er hat nicht gewählt. Vaterland, Volk, was sagst du dazu??!!« (*M. Schneider 1957*, 68).
Immerhin aber hatte Schneider zur Wahl – wie es vorgeschrieben war
– die Glocken läuten und die Kirche beflaggen lassen. Er tat das aber
mit unguten Gefühlen, wie er seiner Gemeinde gegenüber ausführlich
begründete (**M 11**). Aichelin urteilt über diese Stellungnahme:
»Schneiders politisches Denken kommt in diesen Sätzen deutlich zum
Ausdruck ... Für Schneider hing das Wohl des Reiches ganz eng mit
seiner Haltung zum Christentum zusammen, und deshalb war für ihn
dies auch das entscheidende Kriterium, an dem sich die NS-Regierung
messen lassen mußte. Und da der Dickenschieder Pfarrer gerade bei
ihr eine ›Entfremdung von der Kirche Christi‹ konstatierte, kam er zu
scharfen Urteilen über den Nationalsozialismus insgesamt ... Späte-

stens ab jenem Zeitpunkt stellte er das Regime als solches in Frage,
weil er dessen Charakter als Weltanschauungsstaat, der die Entchristlichung massiv betrieb, immer deutlicher erkannt hatte ... Für Schneider stellte sich die geistige Situation im Deutschland jener Jahre als
unversöhnliches Gegenüber zweier Mächte dar, die beide einen Totalitätsanspruch erhoben: ›Symbole werden über dem kirchlichen Leben
aufgepflanzt zu Zeichen, dass auch hier der Totalitätsanspruch des
Staates mit seiner Weltanschauung den Totalitätsanspruch des Wortes
Gottes und des Königs Christus verdrängt‹« (*Aichelin 1994*, 117-120;
der letzte Satz ist ein Zitat aus einer Predigt von Schneider, die dieser
am 15.11.1936 gehalten hat). Auch hier geht Schneider eigentlich
nicht mit *dem* Regime ins Gericht, sondern erhebt Einwände gegen
den weltanschaulichen Totalitätsanspruch.

[1936/37] Aufgrund der zahlreichen Anklagen stand es nicht gut um
Schneider. Auch wenn ihm keine direkten politischen Verfehlungen
zur Last gelegt werden konnten, galt er bei den nationalsozialistischen
Behörden doch zunehmend als politisches Ärgernis. In einem Schrei-
ben vom 30. Januar 1937 hielt die Gestapo Koblenz fest: »Pfarrer
Schneider ist ein fanatischer Anhänger der Bekenntniskirche, der jede
Gelegenheit benutzt, um gegen den nationalsozialistischen Staat
Stimmung zu machen«... er »hetze im geheimen« gegen »jede Ein-
richtung der Partei und des Staates« (zit. b. *Aichelin 1994*, 134).

Die Situation sollte sich aber durch Auseinandersetzungen mit einzelnen Gegnern Schneiders noch zuspitzen. Zunächst ging es um die
Lehrer beider Dörfer, die einer einklassigen Konfessionsschule vor-
standen. Beide waren erklärte Nationalsozialisten und standen den
Deutschen Christen nahe. Ihr Religionsunterricht gab Anlaß zu der
besorgten Ermahnung der Presbyterien an sie, »im Unterricht den
Eindruck zu vermeiden, als ob sie in der Auffassung der Heiligen
Schrift Alten Testaments eine andere Auffassung vertreten als das Bekenntnis der Kirche sie vertritt« (zit. b. *Aichelin 1994*, 140). Die Vorwürfe, wie sie im Protokoll der Presbyteriumssitzung vom 16. April
1936 aufgelistet wurden, waren gravierend. Sie sind zugleich ein ex-
emplarischer Beitrag für das sehr häufig zu beobachtende wirre Denken Deutscher Christen. Sie sollen deshalb an dieser Stelle etwas aus-
führlicher zitiert werden: »Die christlich-biblische Unterweisung
durch die Schule in beiden Gemeinden erscheint in jeder Weise unge-
nügend, sowohl, was den Umfang des zu lernenden Stoffes aus Bibel,
Gesangbuch und Katechismus, als auch was schrift- und bekenntnis-
mäßige Auffassung des noch verwerteten biblischen Stoffes angeht.
Beispiele: Die Dickenschieder Kinder schreiben Aufsätze – ob im Religionsunterricht oder bei einer anderen Gelegenheit, ist hier gleich-
gültig – in denen Joseph als Lügner und Betrüger erscheint, der als solcher die Ägypter dem Pharao leibeigen gemacht habe. An der
Schultafel in Dickenschied erscheint ein Zitat, wonach das mosaische

Gesetz nichts anderes ist als die Lehre von der Erhaltung der jüdischen
Rasse. Für die Erklärung der Geschichte von der Speisung der 5000
führt Lehrer Kunz aus: Die Leute hätten im allgemeinen alle etwas im
Rucksack mitgebracht. Jesus sei doch kein Zauberer gewesen. In
Womrath erklärt Lehrer Sturm im glatten Gegensatz gegen Schrift
und Bekenntnis den Kindern: Erbsünde gäbe es nicht, kleine Kinder
könnten noch keine Erbsünde haben. Er erklärt dem Pfarrer im Gespräch das Aufkommen Davids zum König Israels als Intrige der Prie-
ster zur Zerreißung der Volksgemeinschaft. Er erklärt ein andermal:
Für ihn fange Offenbarung Gottes in der Schrift erst bei den Propheten an, die fünf Bücher Mose seien Sage und Märchen. Das alte Testament scheint in beiden Schulen vom Stoffplan des Unterrichts ver-
schwunden zu sein. Biblische Geschichten und Psalmen scheinen
Kinder nicht mehr lernen zu sollen. Ein Kind, das im Zeugnisheft bei
Kirchenlied die Note »Genügend« bekommt, erklärt: Wir haben doch
gar kein Kirchenlied gelernt (Evangelische Kirche im Rheinland 1989,
89f). Als zusätzliche Belastung für Kunz monierte das Presbyterium
noch dessen Zusammenwohnen mit einer Frau in einem nicht-eheli-
chen Verhältnis (ebd., 96). Von Sturm wußte man, daß er – zum Ent-
setzen Schneiders und des Presbyteriums – die Weihnachtsfeier nicht
mehr nach christlichem Verständnis, sondern gemäß dem germani-
schen Ahnenerbe, also im Sinne Deutschen Glaubens gestaltet hatte.
Als sich die Lage im Religionsunterricht nicht besserte, wurde dem
Womrather Lehrer *K.W. Sturm* ein Kirchenzuchtverfahren angedroht.
Dieser konterte, indem er auch Schneider selbst angriff. Seine Anwürfe
gipfeln in dem Resümee eines Schreibens an den Regierungspräsiden-
ten vom 26. Mai 1936 folgenden Inhalts: »Pfarrer Schneider ist bereits
über den ganzen Hunsrück als übler reaktionärer und fanatischer Hetzer gegen die nationalsozialistische Weltanschauung (die er auch mir
gegenüber als ›Teufelswerk‹ bezeichnete) berüchtigt. Er hat nicht nur
die Volksmeinung in seinen Gemeinden Dickenschied-Womrath vergiftet, sondern bereist auch die weitere Umgebung, heimlich wühlend
und Flugblätter verteilend. Die wenigen Dorfinsassen, die noch der Bewegung freundlich gegenüberstehen, werden irre an der Durchschlagskraft von Staat u. Partei, weil diese nun das Treiben schon so
lange untätig ansehen« (zit. b. *Aichelin 1994*, 144f).
Der Denunziation Sturms war Erfolg beschieden; denn tatsächlich
wurde ein Strafverfahren wegen des Tatbestands der Verunglimpfung
der NSDAP eingeleitet. Ähnlich verlief die Auseinandersetzung mit
dem Lehrer *Friedrich Kunz* aus Dickenschied. Über die vermeintlichen
Verfehlungen von Pfarrer Schneider führte dieser genau Buch, um bei
Gelegenheit belastendes Material gegen ihn zur Verfügung zu haben.
Das war im Dorf bekannt. In einem Bericht an den NSDAP-Kreis-
amtsleiter, der auch der Gauleitung bekannt gemacht wurde, bezich-
tigte er Schneider staatsfeindlicher Umtriebe. Auch er drängte auf

»Unschädlichmachung dieser staatsfeindlichen Kreise« (Schreiben vom 22. Juli 1936; zit. b. *Aichelin 1994*, 150). Auch in diesem Falle wurde ein Strafverfahren eingeleitet. Zuständigkeitshalber wurde es an ein Sondergericht in Köln weitergeben, bei dem alle Verfahren gegen Schneider zusammengezogen waren.

Einer weiteren Denunziation sah sich Schneider ausgesetzt durch den Kreisbauernführer *Ernst Scherer*, der ihn beschuldigte, in seinen Predigten die Regierung angegriffen zu haben, und der viele einzelne Einwände gegen Schneider vorbrachte. Auch das daraufhin von der NSDAP-Kreisleitung angestrengte Verfahren landete schließlich in Köln.

Mit Scherer hatte die Gemeinde noch einen weiteren Konflikt durchzustehen. Denn der Bauer hatte sich geweigert, seinen Sohn in den Konfirmandenunterricht von Schneider zu schicken. Er erbat eine Freigabe von Schneider, um ihn bei einem deutschchristlichen Pfarrer unterrichten zu lassen. Diese erteilte der Pfarrer aber nicht. Die Freigabe könne nur gewährt werden – so Schneider –, wenn der Junge zu einem anderen bekenntnisgemäßen Pfarrer in den Unterricht käme. Scherer wandte sich daraufhin an das Konsistorium, benutzte aber gleichzeitig die Gelegenheit, auch hier gegen Schneider vorstellig zu werden. Er prangerte ihn an als »hinterhältigen Gegner unserer neuen Staatsführung« (Schreiben Scherers vom 14. Februar 1937; zit. b. *Aichelin 1994*, 159) und holte auch im einzelnen gegen den Pfarrer aus.

Die drei Angriffe von Sturm, Kunz und Scherer (und von anderen) wertete Schneider wohl weniger als persönliche als vielmehr gegen die Gemeinde und das Evangelium gerichtete. Deshalb mußte eine Reaktion aus dieser Richtung erfolgen. Schneider und die beiden Gemeindepresbyterien griffen dabei zu einem Mittel, das in der Geschichte der Kirche äußerst selten angewandt, in der Zeit des Kirchenkampfes aber neue Aktualität gewann: die *Kirchenzucht*. Sie besagt, daß jemand, der in Lehre und Lebenswandel in grober Weise gegen Bekenntnis und moralische Grundüberzeugungen der Kirche verstoßen hat, vom kirchlichen Leben ausgeschlossen werden kann. D.h. die betroffenen Gemeindeglieder dürfen nicht mehr am Abendmahl teilnehmen; weiter können ihnen kirchliche Amtshandlungen wie Trauung und Beerdigung vorenthalten werden; und sie sollen auch vom Patenamt ausgeschlossen sein. Im übrigen aber ist Kirchenzucht ausdrücklich in Frage 85 des Heidelberger Katechismus vorgesehen, der für die beiden reformiert geprägten Gemeinden verbindliche Bekenntnisgrundlage war. Aber auch in der Zeit des Kirchenkampfes wurde sie praktisch nicht vollzogen, obschon ihre Berechtigung von der Bekennenden Kirche grundsätzlich anerkannt war. Es ist aber kennzeichnend für Schneiders Glaubensrigorismus, daß er zu diesem radikalen Mittel griff.

Schneider war schon lange vor dem Kirchenkampf ein Verfechter der Kirchenzucht gewesen. Und er fand in Dickenschied und Womrath Gemeinden, mit denen er sich im Grundsatz darüber einig war und die Kirchenzucht auch praktizierten. Deshalb mußte er die Anklage gegen die Lehrer und gegen den Kreisbauernführer nicht erst durchsetzen. Das Verfahren gegen Kunz (Dickenschied) wurde allerdings nicht wirksam, weil dem Presbyterium im letzten Moment Bedenken kamen. Anders dagegen verliefen die Vorgänge gegen drei Personen in Womrath, darunter Sturm und Scherer. Sie wurden der »Verachtung von Wort und Sakrament« (*Aichelin 1994*, 171) beschuldigt. Darüber hinaus wurde Sturm dann noch vorgeworfen, daß er die Kirchengemeinde von der vertragsmäßig garantierten Benutzung des Schulsaals zur Erteilung des Konfirmandenunterrichts ausgeschlossen und eine deutschgläubige Weihnachtsfeier durchgeführt habe.

Strenggenommen war auch das Kirchenzuchtverfahren gegen die drei Womrather nicht zu Ende geführt worden. Denn es fehlte noch die dritte vorgeschriebene Abkündigung, die die Maßnahme erst wirksam machte. Denn bevor sie realisiert werden konnte, wurde Schneider durch die Gestapo erneut in Schutzhaft genommen. Dabei haben Beschwerden und Anzeigen der beiden Lehrer und Scherers, die auch wieder zu Strafverfahren führten, die ausschlaggebende Rolle gespielt. Grundsätzlich aber war Schneider bei den nationalsozialistischen Instanzen mit dem Ruf belastet, »einer der gefährlichsten Aufwiegler und einer der aktivsten Feinde von Staat und Bewegung überhaupt« zu sein, »der in seiner masslosen Hetztätigkeit nur noch von Emigranten und sonstigen deutschfeindlichen Ausländern erreicht wird« (Schreiben Kunz' vom 3. März 1937; zit. b. *Aichelin 1994*, 175). Diese Einschätzung hatte sich auch die Gauleitung zu eigen gemacht. Denn der Gauleiter trug den Fall Hitler persönlich vor, der die Einweisung Schneiders in Schutzhaft letztlich verfügte (*Aichelin 1994*, 178). Sie wurde für den 31. Mai 1937 festgesetzt. Der Fall Schneider war also inzwischen zur Reichssache geworden.

2.2 Schutzhaft und Ausweisung

Während Schneider in der Koblenzer Schutzhaft auf ein ordentliches Gerichtsverfahren hoffte, bekam er nicht einmal die Gründe für seine neuerliche Inhaftierung genannt. Erst Ende Juni 1937 erfuhr er, daß er wegen der Kirchenzuchtverfahren gefangengesetzt worden sei. Aber zu einem Gerichtsverfahren kam es nicht und die Gestapo war an ihm wohl auch nicht weiter interessiert. Es war für diese offensichtlich leichter, den Fall Schneider auf politischer als auf juristischer Ebene zu behandeln. Denn das kircheninterne Kirchenzuchtverfahren stellte keinen gerichtsverwertbaren Straftatbestand dar.

Schneider wurde am 24. Juli 1937 aus der Haft entlassen, gleichzeitig aber auch – gleichfalls ohne Rechtsgrundlage – aus der Rheinprovinz ausgewiesen.

Auch andere Pfarrer der Bekennenden Kirche waren ausgewiesen worden, so daß mit der Ausweisung Schneiders ein Fall gegeben war, der für die Kirche generell klärungsbedürftig war. Denn der Bekennenden Kirche war selbstverständlich daran gelegen, daß die Pfarrer ihrem Auftrag treu blieben, mit dem sie an die Gemeinden gewiesen waren. Nach besten Kräften sollten sie sich einer Versetzung oder Entfernung aus dem Amt widersetzen. Allerdings entwickelte sie aus dieser grundlegenden Position keine bindende Weisung – sehr zum Bedauern Schneiders. Jeder Pfarrer sollte es persönlich auf sein Gewissen nehmen – so befand die Bekennende Kirche, inwieweit er die Ausweisung akzeptierte oder sich ihr widersetzte.

Schneider hatte sich mit der Frage der Ausweisung schon länger beschäftigt, so daß ihn die Zumutung nicht ganz unvorbereitet traf. Er war sich aber bald darüber im klaren, daß er sich dem Ausweisungsbefehl widersetzen mußte. So zerriß er ihn einfach und warf ihn in den nächstbesten Papierkorb. Ein solches Vorgehen entsprach wohl auch seiner Persönlichkeit, wie sie sich aus dem bisher beschriebenen Verhalten Schneiders ergibt, nämlich konsequent und radikal den Bekenntnisstandpunkt zu vertreten und entsprechend zu handeln. Hier wird deutlich, daß Schneider nicht nur Exponent der Bekennenden Kirche war, wie er allgemein in der Forschung gesehen wird. Ebenso ausschlaggebend für sein Denken und Handeln waren seine bisweilen ziemlich eigenwillige Persönlichkeit, seine politisch wie theologisch überaus konservative Gesinnung, seine persönliche Erweckungsfrömmigkeit oder seine ausgeprägte Leidensbereitschaft (vgl. auch *Ringshausen 1996*, 100f).

Am 25. Juli 1937 predigte er wieder in seiner Gemeinde, ließ sich dann aber überreden, einen mehrwöchigen Urlaub in Baden-Baden anzutreten. Trotz des Risikos meldete er sich polizeilich nicht an und blieb deshalb für die Gestapo zunächst unauffindbar. Während dieser Zeit und der sich daran anschließenden Urlaubsvertretung im hessischen Eschbach hatte Schneider noch einmal Gelegenheit, mit Freunden und Vertretern der Bekennenden Kirche seinen Standpunkt zu überdenken. Aber Schneiders grundsätzliche Entscheidung war bereits getroffen. Und da die Bekennende Kirche ihm weder zu dem einen noch zu dem anderen Weg eine bindende Weisung gab, wie sie zeitweise ins Auge gefaßt war und wie er sie auch erwartete, blieb er bei dem einmal gefaßten Beschluß. Am Erntedankfest desselben Jahres (3. Oktober) hielt Schneider den Gottesdienst in seiner Gemeinde. Die Bekennende Kirche billigte seinen Schritt.

Die Folgen seines Vorgehens waren allgemein absehbar. Es kam zur erneuten Inhaftierung Schneiders. Der Pfarrer tat aber noch ein übriges. Er kündigte seinen geplanten politischen Ungehorsam in einem langen Schreiben vom 30. September 1937 an die Reichskanzlei an (**M 14**). In ihm begründet er, daß er der Ausweisung nicht folgen könne. Eine Unrechtmäßigkeit seines Tuns sei ihm nicht nachgewiesen worden. Es sei auch kein Gerichtsverfahren gegen ihn eröffnet und geführt worden. Deshalb müsse man der Obrigkeit widerstehen. In diesem Falle gelte Apostelgeschichte 5,29 gegen Römer 13,1: Man müsse Gott mehr gehorchen als den Menschen. Aichelin nennt dieses Schreiben »ein Dokument des offenen Widerspruchs« (*Aichelin 1994*, 201). Nur sehr selten habe man in der Bekennenden Kirche gewagt, »so offen ein Widerstandsrecht auszusprechen« (*Aichelin 1994*, 203). Aichelin wertet auch die letzte Predigt Schneiders (**M 22**) als ein Dokument, in dem der Pfarrer »nochmals sehr deutlich die NS-Ideologie ... anprangerte« (*Aichelin 1994*, 206).

Die Predigt in Dickenschied konnte Schneider noch halten. Auf dem Weg zum Gottesdienst nach Womrath wurde er bereits verhaftet.

Das Sondergerichtsverfahren gegen ihn kam nur schleppend voran und trat eigentlich auf der Stelle. Denn gerichtsverwertbare Fakten waren den Prozeßakten kaum zu entnehmen. Deshalb schlug die Gestapo eine andere Richtung gegen Schneider ein. Sie drängte ihn zu wiederholten Malen, als Bedingung für seine Freilassung in seine Ausweisung einzuwilligen. Anderenfalls drohte man ihm Konzentrationslager an. Schneider gab allerdings nicht nach. Er hielt den Zeitpunkt für gekommen, daß man sich zur Wahrung der Freiheit der Kirche dem Staate verweigern müsse, nicht nur in Worten, sondern auch im Handeln.

2.3 In Buchenwald

Am 26. November 1937 wurde Paul Schneider in das Konzentrationslager Buchenwald bei Weimar überstellt. Das Leben im Lager war hart, die Verpflegung schlecht. Es mußte täglich 14-16 Stunden in einem Steinbruch gearbeitet werden. Besuch konnte nicht empfangen werden. Nur zweimal im Monat konnte man – natürlich unter strengster Zensur – einen Brief erhalten. Schneider war Häftling Nr. 2491 und mußte einen roten Winkel tragen, d.h. er war als Politischer eingestuft. Es kamen auch Schikanen vor. So hetzte *Ilse Koch*, die Frau des berüchtigten Lagerkommandanten *Karl Koch*, ihren Hund auf Schneider, der ihn blutig biß. Die Wunden wurden ärztlich nicht behandelt. Vielmehr mußte der Betroffene noch sein Arbeitstempo verschärfen. Im übrigen hatte das Sondergericht in Köln während seiner Buchenwalder Zeit alle anhängigen Verfahren gegen ihn rechtskräftig eingestellt, was ihm mit Datum vom 18. Juni 1938 im KZ schriftlich mitgeteilt wurde.

Am 20. April 1938 kam es zu einem schweren Zwischenfall. Schneider hatte bei der Flaggenhissung am Geburtstag Hitlers in Buchenwald trotz ausdrücklichen Befehls seine Mütze nicht abgenommen. Schneider bezeichnete zu diesem Zeitpunkt »die Hakenkreuzfahne als eindeutiges Zeichen einer christusfeindlichen Weltanschauung« (Brief von Mai/Juli 1937 [undatiert] aus der Koblenzer Gestapohaft; *Evangelische Kirche im Rheinland 1989*, 100). Die Verweigerung wurde umgehend geahndet. Schneider wurde auf den Bock geschnallt und mußte fünfundzwanzig (*Walter Poller*; nach der Version *Fritz Männchens*: fünfzig) Stockhiebe auf Gesäß und Rücken über sich ergehen lassen. Außerdem wurde Schneider verschärften Haftbedingungen ausgesetzt. Er kam in den »Bunker«. So hieß im Häftlingsjargon das Gebäude mit den Arrestzellen. Wände und Fußboden der Zellen bestanden aus Beton und waren zwei Meter lang und einem Meter breit. Unterhalb der Decke, gegenüber der Tür war ein kleines vergittertes Fenster eingelassen. Fast ununterbrochen hat Schneider dann vom 20. April 1938 an im Bunker zugebracht. Die Arbeit im Steinbruch wurde für ihn ausgesetzt. Er hatte kaum noch Kontakt zu den Mithäftlingen. Die Leidenssituation Schneiders im Bunker hat Fritz Männchen beschrieben (**M 15**).

Außerdem waren die Essensrationen stark gekürzt worden; zeitweise wurden sie ganz ausgesetzt. »Der Briefkontakt nach außen wurde eingeschränkt, teilweise über Monate auch unterbunden. Beaufsichtigt wurde Schneider hauptsächlich vom SS-Hauptscharführer *Martin Sommer*, der im Lager als ›unglaublich sadistisch‹ bekannt und berüchtigt war« (*Aichelin 1994*, 237f).

Auch im Bunker unterließ es Schneider nicht, das Evangelium zu verkündigen und seinen Glauben zu bezeugen. So rief er durch sein kleines Zellenfenster den auf dem Appellplatz angetretenen Mithäftlingen Bibelsprüche zu und versuchte, sie auszulegen. Er kam dabei nie sehr weit; denn er wurde schon nach wenigen Minuten auf brutale Weise unterbrochen. Die Aktionen verfehlten aber ihren Eindruck bei den Mithäftlingen nicht. Sie nannten Schneider den »Prediger von Buchenwald«. Die Versuche des Pfarrers, das Evangelium zu verkündigen, wurden jedesmal mit fünfundzwanzig Stockhieben bestraft, wie sie im Schutzhaftrapportbuch von Buchenwald penibel verzeichnet sind. Außerdem schrie er die Namen von Mithäftlingen auf den Appellplatz, »deren Folterung und Ermordung er im Namen Christi bezeugte« (*Aichelin 1994*, 241f).

Dabei hätte Schneider seine Situation wohl verändern können, wenn er in seine Ausweisung eingewilligt und damit Staatsloyalität gezeigt hätte. In Buchenwald ist ihm jedenfalls mehrfach ein solches Angebot unterbreitet worden. Um der Bezeugung des Evangeliums willen, ertrug Schneider stattdessen Folter und schließlich den Tod. Am 18. Juli 1939 wurde Schneider in Buchenwald ermordet, wahrscheinlich durch eine Überdosis des Herzstärkungsmittels Strophantin. Der Lagerarzt

Dr. med. Ding-Schuler hatte die tödlichen Injektionen zwar selbst gesetzt, aber vermutlich auf Befehl des Lagerkommandanten Koch gehandelt. Ob dieser höherer Weisung Folge leistete, ist durch Quellen nicht zu belegen.

Über die Zeit Schneiders in Buchenwald und über die Umstände seines Todes unterrichtet am besten die Darstellung des damaligen Mithäftlings und Arztschreibers, _Walter Poller_ (**M 18**).

Das Konsistorium in Düsseldorf schwieg sich über die Verhaftung und Überstellung Schneiders ins KZ im übrigen zunächst aus. Es stellte sich nicht nur nicht hinter seinen Pfarrer, sondern ließ sich von der NSDAP sogar drängen, dessen Versetzung zu betreiben, da wohl mit einem dauerhaften Einreiseverbot Schneiders zu rechnen sei. Allerdings schied ein Diziplinarverfahren aus. Schneider hatte sich im kirchenrechtlichen Sinn nichts zuschulden kommen lassen. Deshalb wählte man in Düsseldorf einen anderen Weg. Am 18. März 1939 gab das Konsistorium eine »Verordnung über die Versetzung von Geistlichen« bekannt. Ihre Herausgabe stand mit im Zusammenhang des Falles Schneiders. In dieser Verordnung war auch vorgesehen, daß Pfarrer in den Wartestand versetzt werden können, wenn eine Versetzung nicht zustande kam und auch sonst in einer anderen Pfarrstelle kein gedeihliches Wirken zu erwarten stand. Hier setzte man an. In intensiver Zusammenarbeit mit Regierungsstellen und Gestapo brachte das deutsch-christlich orientierte Konsistorium die Sache voran. Am 15. Juni leitete das Konsistorium das Verfahren gegen Schneider ein. Auf ausdrücklichen Wunsch der Kirchenbehörde leistete die Gestapo Amtshilfe. Erbeten wurde »Beweismaterial« gegen Schneider. Auch solle sie, die Gestapo, »die Tatsache zum Ausdruck bringen, dass mit seiner Entlassung aus dem Konzentrationslager auf absehbare Zeit nicht zu rechnen sei« (Brief an die Gestapo Koblenz vom 5. Juni 1939; _Wentorf 1989_, 211). Die Auskünfte wurden bereitwilligst erteilt. Und man hätte die Sache wohl erfolgreich abschließen können, wenn nicht Paul Schneider am 19. Juli 1939 ermordet worden wäre. Statt sich zu bemühen, ihren Pfarrer aus dem Konzentrationslager frei zu bekommen, wie dies die Bekennende Kirche tat, setzte die vorgesetzte Kirchenbehörde Schneiders alles daran, ihn aus dem Amt zu entfernen. Schon der Stil der Versetzungsverfügung macht deutlich, daß sie von der Schuld Schneiders zutiefst überzeugt und an ihrer Feststellung auch besonders interessiert war (**M 8**). Sie wurde an die Gestapo weitergeleitet, die den Brief Schneider übergeben und ihn – wie vorgeschrieben – anhören sollte.

Nach diesem Vorgehen verwundert es nicht mehr, daß das Konsistorium es nicht einmal für nötig hielt, der Witwe Schneiders zu kondolieren oder an der Beerdigung teilzunehmen. Seine Beerdigung wurde indessen zu einer machtvollen Demonstration der Bekennenden Kirche.

2.4 Deutungen Schneiders

Aichelin hat nicht nur der Schneider-Forschung einen neuen Impuls gegeben, sondern – wie aus dem Vorstehenden bereits ersichtlich – auch eine neue Deutung vorgelegt. Gegenüber der allgemeinen Einschätzung als *Glaubenszeuge* und *Märtyrer* versucht er den Nachweis zu erbringen, daß Schneider, ab 1934 sich steigernd, auch in bewußtem weltanschaulichen und politischen »Dissens« zum Nationalsozialismus gestanden hat.

Mit der von Ian Kershaw in die Debatte eingebrachten Begriff »Dissens« glaubt Aichelin besser als mit der viel diskutierten Kategorie »Widerstand« »die ganze Palette des Denkens bzw. Handelns« erfassen zu können, »das jenseits der Gleichschaltung und der inneren Zustimmung anzusiedeln ist« (*Aichelin 1994*, XXVI). Schneider ist für Aichelin geradezu »das Paradigma eines christlich begründeten Dissenses zum NS-Regime ... Auch die Entwicklung dieses Dissenses, von der Akklamation über die Ernüchterung und Enttäuschung bis hin zum Nonkonformismus und dann zu offener Ablehnung macht den Fall interessant« (*Aichelin 1994*, XXVIII). Damit sei Schneider in der Bekennenden Kirche ein »Außenseiter« (ebd., 324) gewesen. Und sein Weg müsse deshalb innerhalb der Bekennenden Kirche als Sonderweg (ebd., 325) beschrieben werden. Denn deren Mitglieder kämpften primär um den Erhalt des Bekenntnisses und die Freiheit des Evangeliums, wandten sich aber nicht gegen das Regime und blieben im übrigen bemüht, loyale Staatsbürger zu sein.

Ob man der These Aichelins zustimmen kann, hängt daran, ob es gelingt zu zeigen, daß Schneiders öffentliches Auftreten im Rahmen von Kirche nicht nur eine tatsächliche politische Wirkung hatte, sondern ob Schneider »sich der politischen Dimension seines Verhaltens vollauf bewußt« war (*Aichelin 1994*, 326), also auch politisch agierte. Man muß das bezweifeln. Denn wenn man Predigten oder Briefe von Schneider aus seiner Zeit als praktizierender Gemeindepfarrer liest, kann man kaum auf den Gedanken kommen, daß dieser Mann wirklich in der Lage war, politisch zu reflektieren und politisch zu urteilen. Wir begegnen vielmehr einem Menschen, der sich ganz und gar seiner Glaubenswelt und der sich daraus für ihn als Pfarrer ergebenden Aufgaben verpflichtet fühlte. Margarete Schneider berichtet, daß für Politik »im bewegten Pfarrerleben« (*M. Schneider 1957*, 43) nur wenig Raum gewesen sei. Das verwundert nicht weiter. Denn damit teilten die Schneiders das Bewußtsein vieler Protestanten damals. Woher sollte auch das politische Bewußtsein kommen, nachdem sich das protestantische Pfarrhaus in der Weimarer Republik eher als wirksame Widerstandskraft *gegen* Demokratie und Parlamentarismus entwickelt hatte. Auch Schneiders waren wohl keine Demokraten. Es deutet jedenfalls nichts daraufhin. Und damit fehlte auch bei

Paul Schneider ein *reflektierter politischer Standort*, der es ihm ermöglicht hätte, »sich der politischen Dimension seines Verhaltens
vollauf bewußt« zu werden. Was Schneider mit dem Nationalsozialismus in Konflikt gebracht hat, ist ein religiös-weltanschaulicher Gegensatz, wie ihn in einem allgemeinen Sinn auch die Bekennende
Kirche festgestellt hat. Auf der vierten Bekenntnissynode 1936 in Bad
Oeynhausen z.B. wurde der Gegner deutlich markiert: »Es wird eine
neue Religion verkündigt, die zu uns Deutschen besser passen soll.
Sie rühmt den Menschen, seine Güte, sein Heldentum« (Wort zur
Schulfrage, in: *Niemöller 1960*, 120), an anderer Stelle charakterisiert
als »die neue Religion eines widerchristlichen Deutschglaubens«
(Niemöller 1960, 116f). Genau diese hatte Schneider z.B. bei der Beerdigung des Hitlerjungen im Blick, aber auch bei den beiden Lehrern, die seiner Meinung nach Deutschglauben mit Christentum in
unerträglicher Weise vermischt hatten. Allerdings hat Schneider wie
niemand sonst in der Bekennenden Kirche den religiös-weltanschau-
lichen Gegensatz in einer Weise herausgekehrt und kompromißlos
gelebt, daß er den *politischen* Nationalsozialismus auf den Plan rufen
mußte, weil der seinen Totalitätsanspruch berührt sah. Wieweit
Schneider bei dieser Position in Buchenwald geblieben ist, läßt sich
nur schwer sagen. Allerdings hat er den Fahnengruß verweigert und
auf den Appellplatz hinausgerufen, daß in diesem Lager gefoltert und
gemordet werde; und er hat konkrete Namen genannt. Das wird man
jedenfalls ansatzweise wohl als politische Aktionen deuten müssen,
wenngleich sie sich auch als Vorgänge in der Konsequenz aus Schneiders Glaubensverständnis begreifen lassen. Aber wie auch immer
motiviert: als Tatbestand ist festzuhalten, daß Schneider die Inhuma-
nität des Buchenwalder Lagers wie niemand vor und nach ihm öffentlich vor Mitgefangenen und den Schergen der SS bezeugt hat. Damit
ging er über den Widerspruch der Bekennenden Kirche hinaus.
Es gibt aber aus den Quellen keinen wirklichen Anlaß zu der These,
daß Schneider das politische System des Nationalsozialismus bzw.
»die Gewaltherrschaft des Nationalsozialismus«(Untertitel des Buches von Aichelin) erkannt habe. Zu einem »fundamentalen Gegner
des Regimes« hatte sich Schneider gewiß nicht entwickelt (*Aichelin
1994*, 325).
Greschat ist gegen Aichelin sogar der Meinung, Schneider wiederhole
wie viele andere lediglich »unter veränderten Bedingungen jenes
Glaubenzeugnis der frühen Christenheit, das sie bedingungslos und
ohne jede persönliche oder sonstige Rücksichtnahme einer als gottlos
erkannten Macht entgegensetzten«. Auch im Vorgehen Schneiders
sieht er ein » eigenständiges religiöses Phänomen, das » den Gesetzen
politischen Handelns nicht gehorcht« (*Greschat 1995*, 426). Mit dieser
Gegenthese ist allerdings die politische Dimension des Falles Schneider unterbewertet.

Kirchliche Positionen zum Nationalsozialismus:

1 KOOPERATION
Z.B. Deutsche Christen; offizielle Deutsche Evangelische Kirche (DEK)
2 TEILWIDERSTAND
2.1 Gesellschaftliche Verweigerung
Z.B. Bewahrung eines religiösen Milieus; Selbstbehauptung; Abwehr eines gesellschaftlichen Gleichschaltungprozesses
2.2 Offensiver Protest, aktives Bekennen
Z.B. Bekennende Kirche: Kampf gegen die »Nazifizierung kirchlicher Strukturen«, nicht aber gegen das politische Regime, das gemäß Röm 13 respektiert wurde
2.3 Verteidigung von Recht und Menschlichkeit
Z.B. Denkschrift der Bekennenden Kirche von 1936 mit zunächst zaghaften Ansätzen, Menschenrechte einzufordern und für die Leidenden und Verfolgten einzutreten; Büro Grüber; Abwehr von Euthanasie; zugleich: Ebenfalls grundsätzliche Staatsloyalität; kein Gedanke an Sturz des Regimes
2.4 Aktiver politischer Widerstand
Z.B. Dietrich Bonhoeffer; aber nur als *individuelles* Handeln. Ethisches Postulat Bonhoeffers wie Karl Barths: *Kirche* habe die Pflicht, dem Rad des Terrors in die Speichen zu fallen
Nach: *van Norden 1985, 227-239*

Denn das Vorgehen Schneiders läßt sich durchaus in die Widerstandsdiskussion einordnen. Natürlich hat er keinen Widerstand im Sinne des 20. Juli geleistet oder im Sinne seiner sozialistischen und kommunistischen Mitgefangenen agiert. Aber ein *Widerstehen*, hier zunächst auf weltanschaulicher Ebene und dann ein Stück darüber hinausgehend in den gesellschaftlichen Raum, war es schon. Mit *van Norden* (1985, 227ff) ließe sich bei Schneider von einer Form von »Teilwiderstand« sprechen, der sich nicht nur darin erschöpft, die eigene Position (hier: das Bekenntnis der Kirche) zu bewahren und zu verteidigen, sondern der sich auch auf seine Verantwortlichkeit für die jeweilige Gesellschaft und ihre Opfer einläßt. Denn: »Unterlassene Schritte vom Bekennen zum Widerstand enden bei der Duldung des Verbrechens« (*Eberhard Bethge*, zit. b. *van Norden 1985, 238*). Es sind ganz verschiedene Formen des Widerstehens, derer Schneider sich bedient hat: öffentlicher Protest (gegen die Artikel von Röhm und Goebbels), Zurückweisung von deutschgläubigen Zumutungen (Beerdigung eines Hitlerjungen), Verweigerung von staatsbürgerlichen Pflichten (Wahl), Ignorierung einer staatlichen Anordnung (Ausweisung), Verweigerung der Anerkennung eines staatlichen Symbols (Hakenkreuzfahne), öffentliche Proklamation von Unrecht und Gewalt (im KZ).
Gegenüber dem Versuch, Schneiders Handeln in politische Zusammenhänge einzuordnen, dominiert in den kirchengeschichtlichen Darstellungen seine Deutung als *Märtyrer* und damit *als Vorbild für unerschütterliche Glaubenskraft und -treue.* Diese Einschätzung ist nicht ohne Anhalt an Schneider selber. Es gibt eine ganze Reihe von Äußerungen Schneiders dazu, daß das Eintreten für den Glauben sehr wohl Übernahme von Leiden und der Einsatz des Lebens bedeuten könne. Schneider hatte schon früh eine gewisse Neigung zu einer Theologie des Leidens. In seiner Predigt zum ersten Examen (1921/22)

über Römer 8,14-17 heißt es bereits:»So wir auch anders leiden, auf
daß wir auch mit zur Herrlichkeit erhoben werden. Einen lichten ver-
klärenden Schein von der Gotteskindschaft her wirft da der Schluß
unseres Wortes noch auf das Leiden unseres Herrn Jesus Christus,
auch auf die Leiden unseres Christenstandes. Wie bei Jesus, so sind
auch bei den wahren Gotteskindern die Leiden nurmehr der Anbruch
des göttlichen Erbes« (*Evangelische Kirche im Rheinland 1989*, 42f).
Und Jahre später schreibt der Pfarrer aus der Gefangenschaft an seine
Frau:»Laßt uns nur in unserem Leiden Gottes Liebe sehen ... Wenn
manche oder viele Brüder meinen, das Leiden vermeiden zu können,
obwohl es doch jeden Sehenden seit langem unvermeidlich vor Augen
steht, so können sie das vielleicht haben. Aber die Glücklichen und
Gesegneten sind sie dabei nicht ... Unser Leiden ist ja ein Vorzug, und
alsbald ist es ja kein Leiden mehr, sondern ›Freuet euch, wenn ihr mit
Christo leidet‹. Nur darum wollen wir ringen, daß unser Leiden ein
Gott wohlgefälliges Opfer sei, in Christi Liebe und Geist gebracht, damit wir und die Gemeinden und die Kirche auch Segen davon haben«
(ebd., 1989, 21). Schneider war tief davon überzeugt, daß in der Auseinandersetzung mit der christusfeindlichen nationalsozialistischen
Herrschaft»alles« gewagt werden müsse,»auch das Leben« (ebd., 100).
Offenbar aber war für Schneider nicht nur dieser pointierte Leidens-
gedanke selbstverständlich, sondern auch eine gewisse Martyriums-
bereitschaft. Denn anders läßt sich kaum erklären, daß Margarete
Schneider ihren Mann in einem Brief vom 18. März 1935 ausdrücklich
mahnt:»Dränge Dich nicht zum Martyrium! Manchmal tun mir die
anderen Pfarrer leid, auf die nun bei den Leuten ein schlechtes Licht
fällt – oder umgekehrt?« (*Wentorf 1989*, 187).
Die Weichen zum gleichsam offiziellen Schneiderbild der Bekennenden Kirche, das dann jahrzehntelang die Schneider-Rezeption bestimmen sollte, wurden bereits in den Beerdigungspredigten gestellt. Die
Ansprachen von *Hermann Lutze* (am Donnerstag vor der Beerdigung)
und *Johannes Schlingensiepen* (am Freitag, dem Tag der Beerdigung)
brachten zum Ausdruck, daß Gott seinen treuen Knecht nicht nur lange hat leiden lassen, sondern endlich auch heimgerufen habe und von
Gott her gesehen das Schicksal Schneiders seinen Sinn gehabt habe.
»Gott macht keinen Fehler«, führte Lutze aus.»Gott hat ihn ausge-
löscht. Er war wie eine Kerze, die sich selbst verbrennt. Ihre Stunde
war gekommen. ›Er ist am Ziel‹ sagte mir Paul Humburg. Ach wären
wir alle am Ziel« (zit. b. *M. Schneider 1957*, 189). Auch Schlingensiepen war von solchen Gedanken durchdrungen:»Denn es ist die unver-
gleichliche Gnade unseres Heilandes, daß er unseren Bruder gewürdigt hat, für ihn zu leben und zu sterben« (ebd., 202). Deswegen kann
der Beerdigungsprediger für ihn Apostelgeschichte 9,16 in Anspruch
nehmen, wo es heißt:»Ich will ihm zeigen, wieviel er leiden muß um
meines Namens willen« (ebd.). Nicht Trauer sei das Gebot der Stunde,

sondern Dank und Lobpreis: »Wir preisen in dieser Stunde die Treue unseres Herrn, mit der er seinen Knecht zugerüstet hat, für seinen Wink und Willen bereit zu stehen« (ebd.). »Der Herr schenkte ihm die Gabe des Leidens.«

Gegenüber dieser rein glaubensbezogenen Sicht, die die Sicht der Bekennenden Kirche insgesamt war, verblaßt die Erinnerung an Folter und Mord fast ganz. Schon sprachlich wird das angezeigt. Denn den meisten Nachrufen zufolge ist Paul Schneider »gestorben« bzw. »entschlafen« oder »heimgegangen« (ebd., 199). Nur wenige machen deutlich, daß hier ein brutales System zugeschlagen, ein unschuldiges Menschenleben vernichtet hat und (von 1939 aus gesehen) voraussichtlich weiter Menschen entwürdigen, foltern und morden wird. Die Bekennende Kirche blieb sich in ihrer erstaunlichen Enthaltsamkeit in politischen Dingen selbst noch bei der Beerdigung Schneiders treu.

Im Märtyrerbuch der Bekennenden Kirche (*Forck, 1949,* 23-49) wurde Schneider rezipiert als »Vorbild des Glaubens«. Indem wir solcher Blutzeugen »gedenken und von ihren Kämpfen und Leiden erfahren, empfängt unser Glaube eine Stärkung« (*Forck 1949,* 5). Nachdrücklich wird auch hier herausgestellt, daß die Märtyrer unter nationalsozialistischer Gewaltherrschaft nicht von politischem Wollen getrieben gewesen seien: »Alle, von denen in diesem Buche die Rede ist, und mit ihnen alle Männer und Frauen, die in gleicher Bedrängnis und Anfechtung standen, haben ihre Leiden nicht darum auf sich genommen, weil sie mit der Politik des Dritten Reiches nicht einverstanden gewesen waren und in ihr ein Verhängnis für unser Volk erkannten, sondern nur und ganz ausschließlich aus dem Grunde, weil sie das Bekenntnis der Kirche angegriffen sahen und es, gelte es auch den Einsatz ihres Lebens, um der Treue zu Christus willen zu bewahren hatten« (ebd., 7). Die Mitschuld der Bekennenden Kirche, sich eben angesichts des Leidens unter einer Gewaltherrschaft politisch nicht eingemischt zu haben, wird hier also noch einmal durch die Herausstellung eines von allen weltlichen Bezügen gereinigten reinen Märtyrerideals kaschiert. Denn für Bonhoeffer trifft die politische Abstinenz gewiß nicht zu. Aber auch für Schneider in Buchenwald dürfte es – wie dargestellt – so nicht gelten.

Vielleicht trifft am ehesten die Deutung *Walter Feurichs* zu. Er sieht Schneider ebenfalls vor allem im weltanschaulichen Gegensatz zum Nationalsozialismus, spricht dann aber wohl zu Recht vom Problem des allmählichen »Hineinwachsens der weltanschaulichen Auseinandersetzungen in die Dimension des politischen Kampfes« (*Feurich 1989,* 30).

Abschließend sei noch ein Blick auf die Arbeiten von *Rudolf Wentorf* gerichtet, dessen unbezweifelbares Verdienst es ist, immer wieder Biographisches über Schneider und Texte von und über ihn zu publiziert

zu haben. Auch er sieht die Geschichte Schneiders allerdings weniger
als Historiker, sondern als Glaubender: Wie in einem großen Drama,
in dem der Teufel, der »große Durcheinanderbringer«, im Gewand des
braunen Diktators sein Unwesen treibt, beschreibt er den Weg Schneiders als eines nach dem Willen Gottes gefühlten, langsam reifend zum
Martyrium, um sich an ihm zu verherrlichen.»Wir sind der Meinung,
daß der Dorfpfarrer Paul Schneider ein Glied in der Kette derer ist, die
Gott als besondere Zeugen für sein Reich in die Mitte gestellt hat. Ob
das die Beamten der Geheimen Staatspolizei wohl ahnen konnten, als
sie am 25. März 1934 Paul Schneider im Pfarrhaus ... das erstemal
verhafteten? Ob sie ahnen konnten, daß dieser im Dienst jener Macht
stand, die in der Lage war, Himmel und Erde zu bewegen? Ob sie sich
dessen bewußt waren, daß sie die Hand an einen Menschen legten, der
dazu ausersehen war, den Geist der ersten Zeugen in einer Zeit zu ver-
gegenwärtigen, die für solches Tun den Henker zu bestellen bereit
war?« (*Wentorf 1966*, 14). Auch *Kurt Scharf* spricht von dem »Ge-
heimnis des Weges, den er nach dem Willen Gottes gehen mußte« (zit.
in: *Wentorf 1966*, 5).
Irritierend ist endlich, was *Karl Barth* der Witwe Schneiders am 3. August 1939 schrieb:»Er ist nun erlöst, er darf schauen, was er geglaubt
hat, er ist daheim. Er mußte vielen durch sein Zeugnis zeigen und sagen, um was es geht, und Gott hat ihn gewürdigt zu leiden. Das Neue
Testament spricht von dieser Würde des Leidens, sie ist nicht umsonst.
Sie ist ein Zeigefinger höher hinauf, dorthin, woher die Würde verlie-
hen und die Krone des Lebens gegeben wird« (*M. Schneider 1957*,
179). Solches gläubige Wissen aus höherer Warte ist allerdings auch
geeignet, vergessen zu machen, daß Menschen aufs das Brutalste einen unschuldigen Menschen entwürdigt und vernichtet haben und
darin an sich kein Sinn zu finden ist. Es könnte dabei auch leicht aus
dem Blick geraten, daß die Mitbrüder und Mitschwestern seinerzeit
vielleicht doch zu wenig getan haben, um dem Rad des Terrors in die
Speichen zu fallen.

2.5   Tabellarischer Lebenslauf

1897   (29. August) geb. in Pferdsfeld (Soonwald) auf dem Hunsrück
        als Sohn eines Pfarrers
1915   Notabitur in Gießen; Kriegsfreiwilliger in Hofgeismar
1916   Verwundung in Rußland; Fußartillerie in Frankreich
1918   Leutnant der Reserve
1919   Teilnahme an den (unrühmlich) bekannt gewordenen Aus-
        schreitungen des Marburger Studentenkorps gegen kommuni-
        stische Arbeiter in Thüringen (*Feurich 1989*, 9); Beginn des Stu-
        diums der Evangelischen Theologie in Gießen; Fortsetzung in
        Marburg, Tübingen und wieder in Marburg; Motiv:»Er wollte

durch seinen künftigen Beruf zur Gesundung des Volkes beitragen« (*Feurich 1989*, 7).

1922 Erstes theologisches Examen in Koblenz (damaliger Sitz der Kirchenleitung); danach Arbeiter am Hochofen im Ruhrgebiet (freiwilliges Industriepraktikum); danach Predigerseminar in Soest/Westfalen

1923 Zweites theologisches Examen

1924 Tätigkeit in der Berliner Stadtmission

1925 Ordination; Hilfsprediger im Ruhrgebiet

1926 Amtsnachfolger seines Vaters in Hochelheim und Dornholzhausen im Kirchenkreis Wetzlar; Heirat mit der Pfarrerstochter Margarete Dieterich; der Ehe entstammen sechs Kinder

1933 Erste offene Auseinandersetzung mit der NSDAP (Röhm-Artikel)

1934 Konflikt um einen Artikel von Goebbels; auf Betreiben der NSDAP zunächst Beurlaubung und spätere Versetzung; Pfarrer in Dickenschied und Womrath auf dem Hunsrück; erste Verhaftung wegen einer Kontroverse mit dem Kreisleiter der NSDAP anläßlich der Beerdigung eines Hitlerjungen

1935 Zweite Verhaftung im März im Zusammenhang mit der Verlesung einer Kundgebung der Altpreußischen Bekenntnissynode

1937 Dritte Verhaftung

(24. Juli) Ausweisung aus der Rheinprovinz

(25. Juli) Predigt in Dickenschied und Womrath trotz Verbotes; anschließend Erholungsurlaub in Baden-Baden

(3. Oktober) Rückkehr in die Gemeinden auf dringendes Ersuchen beider Presbyterien und erneute Verhaftung

(27. November) Überführung in das Konzentrationslager Buchenwald bei Weimar

1939 Auf Betreiben des Düsseldorfer Konsistoriums erläßt der Oberkirchenrat in Berlin die »Verordnung über die Versetzung von Geistlichen aus dienstlichen Gründen«; mittels dieser Verordnung soll Schneider nach Absprache mit der Gestapo in den Wartestand versetzt werden.

(15. Juni) Konsistorium leitet das Verfahren zur Versetzung in den Wartestand ein

(18. Juli) ermordet im Konzentrationslager Buchenwald

(21. Juli) Beerdigung in Dickenschied; Demonstration der Bekennenden Kirche; Teilnehmer aus allen Teilen Deutschlands, darunter viele Pfarrer; Konsistorium macht der Gestapo Vorwürfe, daß sie die Erlaubnis zur Beisetzung in Dickenschied erteilt hat.

Nach: *Wentorf 1989*, 247f

M 6

Stabschef Röhm gegen Muckertum! (1933)

Der Stabschef der SA Röhm hat einen Aufruf erlassen, der sich gegen das Muckertum richtet. Daß dieses in letzter Zeit geradezu Orgien feierte, sei unbestreitbar. So würden z.b. für den Anzug und das Verhalten in Badeanstalten die unsinnigsten Bestimmungen gefordert. Der deutschen Frau werde verboten, sich zu pudern oder in Lokalen zu rauchen. In den Großstädten sollten alle irgendwie aus dem Spießerrahmen fallenden Vergnügungsstätten ausgerottet werden. Dieses alles geschehe angeblich im Gefühl heiliger Verantwortung für das Wohl des Volkes.

Auch in jüngster Zeit lägen Meldungen vor, daß auch SA- und SS-Führer und -Männer sich öffentlich zu Moralrichtern aufwürfen und weibliche Personen in Badeanstalten, Gaststätten oder auf der Straße belästigt hätten. Es müsse einmal eindeutig festgestellt werden, daß die deutsche Revolution nicht von Spießern, Muckern und Sittlichkeitsaposteln gewonnen worden sei, sondern von revolutionären Kämpfern. Diese allein würden sie auch sichern.

Die Aufgabe der SA bestehe nicht darin, über Anzug, Gesichtspflege oder Keuschheit anderer zu wachen, sondern Deutschland durch ihre freie und revolutionäre Kampfgesinnung hochzureißen. Er verbiete daher sämtlichen Führern und Männern der SA und SS, ihre Aktivitäten auf diesem Boden einzusetzen und sich zum Handlanger verschrobener Moralästheten herzugeben.

Aus: Völkischer Beobachter, September 1933

Quelle: *Wentorf 1989*, 58f

M 7

Eine öffentliche Erklärung Schneiders gegen Röhm (1933)

Hochelheim, den 8. Oktober 1933
In den Zeitungen wurde ein Aufruf des Stabschef Röhm veröffentlicht »Gegen das Muckertum«. Darin spricht dieser Mann auf hochstehen-

dem Posten, der Anspruch erhebt, von der nationalsozialistischen Jugend, insbesondere von der SA gehört zu werden, sich gegen die Geltung von sittlichen Grundsätzen und gegen das Eintreten dafür in unserem Volksleben in einer Weise aus, daß man vom Standpunkt evangelischen Glaubens nur aufs schärfste gegen Geist und Inhalt dieses Aufrufs protestieren kann. Wenn Stabschef Röhm meint, daß der Aufbau unseres Volkes und die Aufgabe der SA nichts mit Sittlichkeit und Keuschheit zu tun habe, und wenn er von diesen Dingen als von »verschrobenen Moralstützen« spricht, so irrt er und hat mit diesem Aufrufe unserem Volk einen schlechten Dienst geleistet.

Schneider, Pfarrer

Quelle: *Wentorf 1989, 59*

M 8

Verfügung zur Versetzung Schneiders in den Wartestand

Evangelisches Konsistorium   Düsseldorf, den 15. Juni 1939
der Rheinprovinz   Inselstraße 10
Nr. 6568 II

Betr.: Durchführung Ihrer Versetzung in den Wartestand

An Herrn Pfarrer Schneider, z.Zt. in Buchenwald, Konzentrationslager

Seit längerer Zeit schon sind wir von seiten der Partei und der Staatspolizei wiederholt und nachdrücklichst auf Ihr staatsfeindliches Verhalten hingewiesen worden. Das im einzelnen gegen Sie in dieser Hinsicht vorliegende schwerwiegende Material ist Ihnen längst zur Kenntnis gebracht worden, so daß sich eine besondere Aufzählung dieser Beschwerdefälle an dieser Stelle erübrigt. Eine solche zutreffende Beurteilung Ihrer ablehnenden Stellung zum Dritten Reich findet durch die Tatsache Ihres seit November 1937 ununterbrochen andauernden Aufenthalts im Konzentrationslager eine weitere Bestätigung. Wenn in dieser Zeit keine Änderung Ihrer Gesinnung hinsichtlich einer positiven und vorbehaltlosen Bejahung des heutigen Staates eingetreten ist, sondern nach Ihrer bisherigen Haltung auch nicht einmal die Aussicht besteht, daß Sie in absehbarer Zeit aus dem Konzentrationslager entlassen werden können, so sehen wir uns damit vor die unabweisbare Notwendigkeit gestellt, aufgrund der Verordnung über die

Versetzung von Geistlichen aus dienstlichen Gründen vom 18. März 1939 ... gegen Sie zwecks Versetzung in den Wartestand vorzugehen. Diese Versetzungsmaßnahme gründet sich gemäß § 1 der Verordnung darauf, daß Ihnen durch selbstverschuldete lange Abwesenheit aus der Gemeinde ohne Aussicht auf Besserung dieses Zustandes durch Ihre Einsicht eine gedeihliche Führung Ihres Pfarramtes nicht mehr möglich ist und außerdem die Wahrung der Ordnung in der Gemeinde Dickenschied zur Schaffung klarer Verhältnisse im dortigen kirchlichen Leben Ihre Abberufung verlangt.

Da Ihnen vor unserer endgültigen Entscheidung nach § 2 der genannten Verordnung Gelegenheit zur Gegenäußerung gegeben ist, diese Anhörung in Ihrem Falle aber eine besondere Erschwerung erfährt, bedienen wir uns zu diesem Zwecke der Vermittlung der Geheimen Staatspolizei, die uns alsdann Ihre Stellungnahme zuleiten wird.

Quelle: *Wentorf 1989, 216*

3 Didaktische Überlegungen

Wer sich in unterrichtlicher Hinsicht mit Paul Schneider befaßt, stößt bald auf die Tatsache, daß dieser in den letzten drei Jahrzehnten kaum einmal didaktisch rezipiert worden ist. Der Abschnitt über ihn in dem Religionsbuch »Entdeckungen machen 9/10« (Düsseldorf 1989, 144-145) scheint eine Ausnahme zu sein. Dagegen begegnet der »Prediger von Buchenwald« ziemlich regelmäßig in Religionsbüchern seit dem Ende der vierziger Jahre bis in die sechziger Jahre. Das hängt mit der damals vertretenen Konzeption der Evangelischen Unterweisung zusammen. Den Schulbuchverfassern galt er damals als der vielleicht wichtigste Glaubenszeuge der neueren Kirchengeschichte. Denn kirchengeschichtlicher Unterricht sollte an solchen Glaubenszeugen erweisen, daß Gottes Geist auch in nachbiblischer Zeit bis auf den heutigen Tag wirksam war und also weiterhin wirksam sein wird. Paul Schneider wurde – wie es in einer weitverbreiteten, programmatisch angelegten Schrift hieß – als exemplum fidei (Vorbild/Beispiel des Glaubens) rezipiert (*Kittel 1947*, 13). Mit Schneider wird zugleich gleichsam der »Sieg des Glaubens« über den gottlosen Nationalsozialismus gefeiert. In diesem Sinne wird in fast allen Darstellungen über Schneider auf die große Beerdigung in Dickenschied hingewiesen. 200 (!) Pfarrer seien im Talar dem Sarg gefolgt. »An dem Gottesdienst in der kleinen Kirche in Dickenschied konnte nur eine kleine Anzahl der Trauergäste teilnehmen; die anderen warteten draußen. Der Schlußgesang wurde von den wartenden Tausenden draußen aufgenommen, daß es wie ein Siegesgesang erklang: ›Gloria sei dir gesungen mit Menschen- und mit Engelszungen, mit Harfen und mit Zimbeln schön‹« (*Rang 1966*, 81f). Unverkennbar liegt in dieser Darstellung nicht nur eine rein glaubensbezogene Sichtweise vor, sondern in gewissem Sinn auch eine glaubensheroische. Die besonderen Zeitumstände erscheinen dabei austauschbar. Das wird besonders deutlich an der damaligen religionsdidaktischen Darstellung von *Dietrich Bonhoeffer,* der nach dem Erscheinen seiner Gefängnisbriefe »Widerstand und Ergebung« in einer Reihe von Religionsbüchern nun neben Schneider tritt. Auch er wird zunächst ausschließlich als Blutzeuge und Märtyrer gewürdigt. Über ihn heißt es z.B. im Anschluß an eine Darstellung Schneiders: »Noch in den Apriltagen 1945 brachten die Nationalsozialisten Dietrich *Bonhoeffer* um. Er war Privatdozent und

Studentenpfarrer in Berlin und dann Leiter des heimlichen Prediger-Seminars der Bekennenden Kirche in Finkenwalde gewesen. Auch er verkündete im Gefängnis unerschrocken das Evangelium. Für seine Mitgefangenen schrieb er eine Anzahl von Gebeten, die heute sein kostbarstes Vermächtnis an die evangelische Christenheit darstellen« (*Rang 1955, 206*). Ein Gebet von ihm, das umfangreicher ist als die Schilderung über ihn selbst, ist anschließend wiedergegeben. Aber daß Bonhoeffer um seines christlich begründeten *politischen* Widerstands willen hingerichtet worden ist, erfahren die SchülerInnen mit keinem Wort. Aber auch dort, wo in den Schulbüchern die politische Dimension mitgeteilt wird, wird Bonhoeffer primär weiter als Glaubenszeuge angesprochen. Nirgends wird jedenfalls seine Beteiligung am Widerstand des 20. Juli zum Fallbeispiel oder gar zum Modell für christliche Ethik. Aber es kommt Mitte der sechziger Jahre als neue Komponente hinzu, daß Bonhoeffer sich – wie im übrigen auch andere (genannt wird z.b. Graf Helmuth von Moltke) – als Christen auch im praktischen bzw. politischen Leben bewährt haben (so z.B. in: Die Gottesbotschaft 2, 1964[?] 176f).

Erst unter dem Anspruch des problemorientierten Religionsunterrichts kommt es zu einer didaktischen Neuorientierung. Denn nun wird der politische Bereich als Feld ethischen Handeln selber diskutiert, um den SchülerInnen die Relevanz christlich orientierten Handelns aufzuweisen. Allerdings hat das nun zur Konsequenz, daß Bonhoeffer ganz in den Vordergrund des didaktischen Interesses rückt und von Paul Schneider nicht mehr die Rede ist, kaum daß er noch genannt wird.

Die spezifische Schwierigkeit, Paul Schneider didaktisch zu rezipieren, liegt darin, daß der Pfarrer bisher nahezu exklusiv als Märtyrer und Glaubenszeuge verstanden wird, d.h. als jemand, der – wie die Blutzeugen der Alten Kirche – um seines Glaubens willen gelitten hat und ermordet wurde (so noch das oben schon genannte Religionsbuch »Entdeckungen machen 9/10«, 1989, 144: »Leben und Sterben für den Glauben«). Denn in dieser Funktion ist Schneider heutigen SchülerInnen nur schwer zu vermitteln. Die meisten von ihnen fragen nicht aus der Perspektive des Glaubens. Sie suchen jedenfalls nicht (bzw. immer weniger) glaubensbezogene Identität zu gewinnen. Die SchülerInnen kommen kaum noch aus Familien mit stabilen christlichen Wertsetzungen und christlich-kirchlichen Lebenszusammenhängen. Und es macht wenig Sinn, dieses Defizit durch schulischen Religionsunterricht ausgleichen zu wollen. Dieser kann höchstens Grundlageninformationen geben und die eine oder andere Perspektive zur Identitätsfindung vermitteln, die für SchülerInnen die Beschäftigung mit dem Christentum bedeutsam erlassen können. Das gilt umso mehr, wenn sich Christentum wie im Falle Schneiders in einer äußerst traditionellen, ja geradezu pietistischen und erwecklichen Form präsentiert. Die steile dogmatische Sprache Schneiders in seinen Predigten, von denen unten zwei abgedruckt sind (vgl. S. 80ff; 85ff), muß den SchülerInnen wie eine fremde Welt erscheinen. Strukturell gesehen dürfte für die meisten SchülerInnen kein wesentlicher Unterschied bestehen zwischen der »Theologie« Schneiders und z.b. der Anschauung der Zeugen Jehovas, so unbequem diese Einsicht zunächst für den Religionspädagogen sein mag. Es kommt als Verständnisschwierigkeit noch hinzu, daß Schneider seinen Glaubensstandpunkt mit unverkennbarem Eifer, um nicht zu sagen mit Unduldsamkeit oder provozierender Entschiedenheit vorgetragen hat, die von SchülerInnen heute kaum nachzuvollziehen sind. Schließlich wird auf völliges Unverständnis treffen, daß mit einiger Wahrscheinlichkeit Schneider das Martyrium möglicherweise auch ein wenig gesucht hat.

Dennoch gibt es gute Gründe, die die unterrichtliche Beschäftigung mit Schneider zu einem sinnvollen Vorhaben machen können. *Zum ersten* ist es natürlich sehr wohl möglich, daß jedenfalls einzelne SchülerInnen bei Schneider Identität im Glauben suchen und in einem bestimmten Sinne auch finden können. Darüber hinaus aber können SchülerInnen einen Einblick gewinnen in eine christliche Glaubens- und Weltsicht, die ja durchaus typisch war für weite Teile der Bevölkerung damals in ländlichen Gebieten, vor allem aber für die Bekennende Kirche. In theologischer und glaubensbezogener Sichtweise ist Schneider durchaus typisch für die Bekennende Kirche. *Zum zweiten* enthüllt sich an dem Schicksal Schneiders der Totalitätsanspruch des diktatorischen Regimes in seiner absoluten Unduldsamkeit und Brutalität. Widerspruch kann aus Prinzip nicht geduldet werden. Er muß um jeden Preis gebeugt werden, auch wenn er sich nicht direkt gegen das System richtet, wie das jedenfalls in den ersten Konflikten Schneiders der Fall war. Glaubens-, Gewissens- und Religionsfreiheit, also fundamentale Menschenrechte, können nicht zugelassen werden. *Zum dritten* kann man an der Widerständigkeit des Pfarrers ansetzen. Durch sie ist er ausgezeichnet. Denn durch seine Prinzipientreue um der Wahrheit willen hat er ein öffentliches Zeichen dafür gesetzt, wie eine Diktatur mit konkurrierenden Wahrheitsansprüchen umzugehen gedenkt. Schneider hatte erkannt, daß die Kirchen unter den Bedingungen des Nationalsozialismus auf Dauer keine Chance haben würden. Die SchülerInnen können am Beispiel Schneiders lernen, daß in Falle einer Diktatur bzw. gegenüber ideologisch sich ausprägenden gesellschaftlichen Tendenzen Widerstehen (in verschiedensten Formen, auf weltanschaulichem Gebiet wie bei Schneider oder im exponierten Sinne politischen Widerstands wie bei Bonhoeffer) das Gebot der Stunde war. Am Beispiel Schneiders kann für SchülerInnen dabei sichtbar gemacht werden, daß Widerstehen sich an einzelnen Punkten entzünden, dann aber zunehmend wachsen kann, im Falle Bonhoeffers bis hin zur Forderung, den Tyrannen zu stürzen. Schneider hat mindestens im Konzentrationslager ein Gespür für die politische Bedrohlichkeit des Systems bekommen und dem öffentlich Ausdruck gegeben. Ganz und gar religiösen Traditionen verpflichtet, wuchs Schneider – ihm selbst kaum bewußt werdend – in eine politische Haltung des Widerstandes hinein.

Am Verhalten Schneiders können die SchülerInnen in Erfahrung bringen, daß – eine gewisse menschliche Sensibilität vorausgesetzt – seinerzeit das Übel im Prinzip sehr wohl erkennbar war. Und sie können sich selbst auf den Weg gesetzt fühlen, auf Ideologien mit absolutem Wahrheitsanspruch sowie auf Inhumanitäten in ihrem Lebenskreis zu achten, sich für die humane Gestaltung der Gesellschaft zu engagieren und eben dort zu widerstehen, wo schlechte Entwicklungen ihren Lauf nehmen. Im Umweltbereich ist solches Engagement (Greenpeace) ebenso gefragt wie in der Asylfrage oder bei verschiedenen Bürgerinitiativen. Letztere können besonders deutlich machen, wie wichtig es ist, daß es *Menschen* gibt, *die gegen den Strom schwimmen* und Frustrationen auszuhalten bereit sind. *Zivilcourage* und *widerstehendes Verhalten* sind ethische und politische Möglichkeiten, die für eine humane und demokratische Gesellschaft ganz unentbehrlich sind. Humanen und gesellschaftlichen Fortschritt gibt es nur, wenn Menschen es immer wieder wagen, gegen den Strom zu schwimmen, auch wenn sie dafür persönliche Nachteile in Kauf nehmen müssen. Die Jugendlichen sollen selbst ermitteln, welche Chancen heute im widerstehenden Verhalten liegen.

Anders als im Dritten Reich und anders als in verschiedenen anderen Ländern muß heute niemand mehr in der Bundesrepublik für widerstehendes Verhalten mit dem Leben einstehen. Im Gegenteil! Jeder ist ausdrücklich dazu legitimiert. Nach dem Grundgesetz, aufruhend auf den Erfahrungen des Dritten Reiches, ist zur Sicherung der demokratischen Ordnung ausdrücklich festgehalten: »Gegen jeden, der es unternimmt, diese Ordnung zu beseitigen, haben alle Deutschen das Recht zum Widerstand, wenn andere Abhilfe nicht möglich ist« (Art. 20 IV; zum Verständnis dieses Rechtes vgl. *Hesselberger 1996*, 183f). Aufschlußreich ist aber auch der Blick in andere Länder. Aus aktuellem Anlaß sollte die Geschichte des hingerichteten nigerianischen Schriftstellers und Bürgerrechtlers, *Ken Saro-Wiwa*, in den Unterricht einbezogen werden. Dadurch kann den Jugendlichen in besonderer Weise deutlich werden, daß es sich bei Schneider nicht nur um ein historisches Problem handelt. Mit dem Bezug auf Ken Saro-Wiwa kann die notwendige problemorientierte Dimension des Themas erschlossen werden.

Schneider wird für die SchülerInnen kaum ein Vorbild oder gar ein Identifikationsmodell werden können. Dazu sind seine theologische und politische Welt viel zu einseitig und konservativ. Aber er könnte als *glaubwürdiger Christ* für sie Orientierungspunkt sein, weil Glaube

und Handeln in derart selbstverständlicher Weise bei ihm zusammen-
stimmen, daß selbst die Atheisten unter den Mitgefangenen Schneider den allergrößten Respekt gezollt haben. Die Glaubwürdigkeit
christlicher Lebensführung ist für Jugendliche ein wesentliches Kriterium des Glaubens an Gott (*Nipkow 1987*, 76-78). Erleichtert wird der
Zugang der Jugendlichen zu Schneider auch dadurch, das dieser keinen Anlaß zur Heroisierung bietet. Er war ein einfacher Pfarrer und
verstand sich selbst auch nicht anders. Er verfügte weder über besondere Gaben noch über eine herausragende Bildung. Sein Glaube war
so einfach wie sein Weltbild. Theologischer Reflexion war er eher ab-
geneigt und er begnügte sich mit einer relativ einfach strukturierten
Dogmatik. Eine gewisse Eigenwilligkeit im Eintreten für eine einmal
als wahr erkannte Sache und mangelnde Flexibilität im Umgang mit
Menschen, die bis zur Unduldsamkeit führte, kann man an ihm eben-
sowenig leugnen wie andererseits seine bemerkenswerte Offenheit,
Unbeugsamkeit und Gradheit. Aus den Quellen ergibt sich auch, daß
Schneider in seiner Beharrlichkeit gewiß auch jemand war, der mit seinem Eifer für den Glauben bei anderen angeeckt ist. Er konnte in dieser Beziehung unversöhnlich sein. Die Verlautbarungen von Röhm
und Goebbels hätte er leicht hingehen lassen können. Aber sein ethi-
scher Rigorismus gebot ihm etwas anderes. Das Kirchenzuchtverfahren mußte nicht unbedingt sein. Es hat mehr Zwist gesät, als Gutes bewirkt. Aber dagegen steht der andere Schneider, der wie nur wenige
seiner Zeit Böses beim Namen genannt hat und ihm entgegengetreten
ist. Auch Schneiders äußerst konservative Gesinnung in moralischen,
religiösen und politischen Dingen legen es nicht gerade nahe, ihn als
Vorbild zu sehen. Er folgte dem restaurativen Leitbild einer christlichen Gesellschaftsordnung. Schneider sperrt sich gegen jede Idealisie-
rung!
Schließlich muß im Zusammenhang seiner Widerständigkeit über den
Glauben Schneiders gesprochen werden. Denn ihm verdankt er die
Motivation. Hier ist im Unterricht viel Raum zu geben, ausführlich
darüber zu debattieren, woher Menschen ihre Optionen, ihre Kraft
und ihr Durchhaltevermögen nehmen, um zu widerstehen und im widerstehenden Verhalten zu beharren. Hier könnte der Vergleich
Schneiders mit Ken Saro-Wiwa einen Anstoß zum weiterführenden
Gespräch sein.
Didaktische Schwierigkeiten könnten sich aus der Terminologie Wi-
derstand/Widerstehen ergeben. Widerstand in der Weise, daß einer
das politische System in Frage stellt und/oder den Tyrannen beseitigen will, hat Schneider nicht geübt. Dennoch hat er in einem weit gefaßten Sinne politisch agiert, so daß jedenfalls die Anwendung des Be-
griffs Widerstehen auf ihn sachgemäß erscheint. Die Unterscheidung
von Widerstand und Widerstehen in vielen verschiedenen Form könnte den SchülerInnen bewußt gemacht werden an den Aktionen von

Ken Saro-Wiwa (Widerstand) und Paul Schneider (Widerstehen). Sie sollte die SchülerInnen nötigen zu differenzieren und auch auf jene Formen des Widerstehens achtzugeben, die keine spektakuläre Resonanz in der Geschichtsschreibung gefunden haben. Im problemorientierten Unterrichtsentwurf (s.u. S. 58ff) wird dazu ein Vorschlag gemacht, in dem die beiden Leitbegriffe auch näher definiert und in ihren jeweiligen Möglichkeiten für die Didaktik herausgestellt werden. Und lohnend ist natürlich immer ein Vergleich mit Bonhoeffer, über dessen Weg in den Widerstand jetzt ein sehr instruktives, in seiner kurzgefaßten Form für die didaktische Arbeit besonders geeignetes Büchlein vorliegt (*Gremmels/Grosse 1996*).

4 Lernintentionen

Für die Arbeit in den Sekundarstufen und für die Bildungsarbeit in der Gemeinde kommt es darauf an, Schneider darin zugänglich zu machen, wofür er in geschichtlicher Erinnerung im besonderen steht: für Mut, Standhaftigkeit, Zivilcourage, Verweigerung, öffentliche Bekundung von Unrecht ohne Rücksicht auf die eigene Person, widerstehendes Verhalten, für radikales Handeln aus Glaubensüberzeugung. Es würde sich also nahelegen auf der ethischen Ebene didaktisch anzusetzen und von dort aus Rückschlüsse auf den theologischen und ekklesiologischen Gesamtzusammenhang zu ziehen. Auch für die kirchliche Bildungsarbeit würde es sich nicht wie üblich empfehlen, Schneider in erster Linie in glaubensmäßiger Hinsicht zu rezipieren. Denn die konservative Weise seiner theologischen Darstellungen, die er eher bekenntnismäßig als reflektiert entfaltet hat, könnten das Verstehen des christlichen Glaubens eher behindern als fördern.

Insbesondere für die Arbeit in der Sekundarstufe II und in der kirchlichen Bildungsarbeit müßte weiter an Schneider herausgearbeitet werden, wie begrenzt die politische Sichtweise des damaligen Protestantismus war und welche Notwendigkeiten sich daraus für die Weltverantwortung des christlichen Glaubens heute ergeben. Für die Denkmöglichkeit politischen Widerstands gab es – abgesehen von der Vorstellung des Tyrannenmordes – überhaupt keine Tradition, an die man hätte anknüpfen können. Bis auf ganz wenige Ausnahmen (*Dietrich Bonhoeffer*) waren auch die Mitglieder der Bekennenden Kirche nicht bereit, dem diktatorischen Regime in den Arm zu fallen. Als politisch besonders potent hatte sich der christliche Glaube damals leider nicht erwiesen. Aber Ansätze gingen von ihm aus. Die Denkschrift der Bekennenden Kirche von 1936, in der z.B. auch der Antisemitismus zur Sprache gebracht wurde, war *ein* Weg (*Greschat 1987*). Der Weg Schneiders war ein anderer. Aber sonst ging es eigentlich immer darum, den christlichen Glauben vor nationalsozialistischer Überfremdung zu bewahren, nicht den Nationalsozialismus als System zu bekämpfen.

Die folgenden Intentionen stecken den Rahmen ab, auf den die Unterrichtsvorschläge in unterschiedlicher Weise bezogen und in unterschiedlicher Gewichtung ausgeführt worden sind.

4.1   *Allgemeine* Intentionen für die Bildungsarbeit in Schule und
Gemeinde

Die Schüler, Jugendlichen und Erwachsenen sollen
- religiöse Positionen und Gemeinschaften kennenlernen, die durch
  ethische Weisungen und solidarisches Handeln zur humanen Gestaltung einer Gesellschaft beitragen können
- die Möglichkeit haben, die angesprochenen Wertsetzungen auf dem
  Hintergrund der religiösen Systeme zu diskutieren und auf diese
  Weise Hilfe in der politischen und religiösen Identitätsbildung zu
  finden
- angeregt werden, unter Berufung auf religiöse Wertsetzungen an
  der humanen Gestaltung des gesellschaftlichen Lebens mitzuwirken

4.2   Allgemeine Intentionen zu Paul Schneider

Die SchülerInnen, Jugendlichen und Erwachsenen sollen
- am Beispiel des Pfarrers Paul Schneider eine historische Gestalt
  kennenlernen, deren Beitrag zur Gestaltung des Gemeinschaftsle-
  bens darin deutlich wird, daß er sich aus der Kraft seines Glaubens
  weltanschaulich-politischer Bedrohung widersetzt hat
- die Möglichkeit haben, aus dem widersetzlichen Verhalten Schneiders Anregungen zur politischen und (eventuell auch religiösen)
  Identitätsfindung zu gewinnen
- die Begrenztheit des politischen Bewußtseins bei Schneider als
  strukturelles Problem des Protestantismus diskutieren können
- befähigt werden, in gesellschaftlich relevanten Situationen durch
  widerstehendes Handeln einen Beitrag zur humanen Gestaltung
  der Gesellschaft zu leisten

4.3   Einzelne Intentionen

4.3.1   Christlich begründete Werthaltungen in der Zeit des Nationalsozialismus

Die SchülerInnen, Jugendlichen und Erwachsenen sollen
- die These diskutieren können, daß Widerstand/Widerstehen gegen
  den Nationalsozialismus (in welcher Form auch immer) und Eintreten für die vom Nationalsozialismus Verfolgten das christliche Gebot der Stunde war
- mit dem Sachverhalt konfrontiert werden, daß nur wenige Christen
  wie Paul Schneider tatsächlich dieser Grundforderung entsprochen
  haben
- in Erfahrung bringen, daß dem Nationalsozialismus in sehr unterschiedlicher Weise von Christen widerstanden wurde

4.3.2 Paul Schneider

Die SchülerInnen, Jugendlichen und Erwachsenen sollen
– am Beispiel Paul Schneiders eine spezifische Form des Widerstehens kennenlernen, die ihre Wurzel in einem bestimmten radikalen Glaubensverständnis hat
– der Frage nachgehen, ob Schneider sich nur gegen den Übergriff von Partei und Regierungsstellen auf den Bereich der Kirche zur Wehr gesetzt hat oder ob (und in welchem Maße) er die weltschaulich-politische Gefahr selbst erkannt hat
– herausarbeiten, daß Schneiders Haltung in der Obrigkeitsfrage mit Apostelgeschichte 5,29 gegen Röm 13 den politisch-theologischen Horizont des damaligen Protestantismus (jedweder Richtung) sprengte

4.3.3 Widerstehen als ethisches (politisch-theologisches) Problem

Die SchülerInnen, Jugendlichen und Erwachsenen sollen
– über den Sinn widerstehenden Verhaltens diskutieren, Vor- und Nachteile gegeneinander abwägen
– an einem ausgewählten Beispiel Schneiders widerstehendes Verhalten mit dem von Personen heute oder aus der jüngeren Geschichte vergleichen, Gemeinsamkeiten und Unterschiede herausarbeiten

4.3.4 Mitleiden als Problem im Religionsunterricht

Die SchülerInnen, Jugendlichen und Erwachsenen sollen
– am Beispiel Schneiders und seiner Leidensgenossen im Konzentrationslager Buchenwald die dem nationalsozialistischen System inhärente Brutalität wahrnehmen
– für das konkrete Leiden der Menschen als einem wesentlichen Bezugspunkt christlichen Glaubens und sozialen Engagements sensibilisiert werden.

5   Vorschläge für den Unterricht in der Sekundarstufe I

5.1   Entwurf eines Basistextes für den Unterricht in den Klassen 9 und 10 (mit Einschluß der Dokumente M 9 – M 16)

Die Auseinandersetzungen des Pfarrers Paul Schneider mit der nationalsozialistischen Gewaltherrschaft

I   Konflikte mit den Nationalsozialisten

Der junge Pfarrer von Hochelheim und Dornholzhausen im Rheinland, *Paul Schneider* (geb. 1897), geriet bereits im Jahre 1933 mit den Nationalsozialisten aneinander. Anfangs hatte er noch mit ihnen

> Das Ziel der **Deutschen Christen** war es, den christlichen Glauben so eng wie möglich mit dem Nationalsozialismus zu verbinden. Im Nationalsozialismus sahen sie ein Werk Gottes. Das Alte Testament lehnten sie als Buch der Geschichte des Volkes der Juden ab. Viele glaubten an einen »heldischen Jesus«.

sympathisiert. Und für kurze Zeit war er auch Mitglied bei den *Deutschen Christen* gewesen. Anlaß des Streites waren Zeitungsberichte von 1933 und 1934. Darin traten zwei führende Nationalsozialisten für eine **freizügigere Einstellung zu erotischen Dingen** ein. Schneider sah darin die christliche Moral angegriffen und reagierte mit öffentlichem Widerspruch im Bekanntmachungskasten der Gemeinde und in Predigten. Das brachte nun die Nationalsozialisten des Ortes in grundsätzlich Weise gegen ihn auf. Denn er war durch seinen Widerspruch gegen hochrangige Vertreter des neuen Regimes *politisch* auffällig geworden. Die NSDAP in Hochelheim befürchtete, daß Schneiders Handeln »Unruhe und Mißverständnisse unter der Bevölkerung« hervorrufen könnte. Der zuständige Landrat von Wetzlar schrieb, daß der Pfarrer »durch seine Haltung den Eindruck erweckt, als ob er nicht voll auf dem Boden des heutigen Staates steht.« Schon 1933 hieß es in einem Schreiben der Kreisleitung der NSDAP in Wetzlar: »Dieser Mensch gehört in ein Konzentrationslager und nicht auf die Kanzel.« Die Folgen dieser ersten Auseinandersetzungen waren erheblich. Die deutschchristlich orientierte Kirchenleitung in Koblenz gab 1934 in willfähriger Weise dem Druck der NSDAP nach, Schneider in eine andere Pfarrstelle zu versetzen. Sie stellte sich nicht schützend vor ihren Pfarrer. Schon nach fünf Wochen kam es aber in der neuen Gemeinde Dickenschied-Womrath (Hunsrück) bereits zu einem neuen Zwischenfall. Über ihn hat Schneider selbst berichtet:

M 9

Dickenschied, den 13. Juni 1934

Sehr geehrter Herr Superintendent!

Ich gebe Ihnen Kenntnis von einem Zusammenstoß, den ich gestern bei einer **Beerdigung des achtzehnjährigen Hitlerjungen** und Arbeitsdienstlagermitglieds Karl Moog von Gemünden hatte. Die ganze Hitlerjugend und der BdM und eine Arbeitsdienstabteilung und eine SA-Abteilung zum Spalierstehen waren aufgeboten. Nach der liturgischen Einsegnung der Leiche am Grabe sprachen der Abteilungsleiter (stellvertretender) des Arbeitsdienstlagers (»das Schicksal hat ihn abgerufen«), Hitlerjugendvertreter und dann auch der Herr Kreisleiter der NSDAP, Nadig von Gemünden. Er sagte unter anderem, daß Karl Moog nun in den Sturm Horst Wessel hinübergegangen wäre. Ich hatte den Segen noch nicht gesprochen und konnte ihn nicht in den Sturm Horst Wessel einsegnen. So sagte ich denn: »Ob es einen Sturm Horst Wessel in der Ewigkeit gibt, weiß ich nicht, aber Gott der Herr segne deinen Ausgang aus der Zeit und deinen Eingang in die Ewigkeit. Lasset uns nun in Frieden gehen zum Hause des Herrn und Totengedächtnis halten vor Gott und seinem heiligen Wort.« Darauf trat der Kreisleiter noch einmal vor und sagte: »Kamerad Karl Moog, du bist doch hinübergegangen in den Sturm Horst Wessel.« Darauf ich: »Ich protestiere. Dies ist eine kirchliche Feier, und ich bin als evangelischer Pfarrer für die reine Lehre der heiligen Schrift verantwortlich.«
Dann verließ ich mit dem Gemündener Kirchmeister an der Spitze der weggehenden Leute den Friedhof und ging in die Kirche.
Hier fanden sich nur Zivilleute ein, ein Mann war in Uniform, und zum Schluß drängte noch eine Anzahl BdM-Mädchen hinein. Die Masse der übrigen Uniformierten einschließlich der Schulkinder war offenbar an der Kirche vorbeibefohlen, obwohl sie sich zum Teil noch lange in den Gasthäusern Gemündens aufhielten.

Ich bitte Sie, sehr geehrter Herr Superintendent, Ihnen geeignet erscheinende Schritte zu tun, um die Würde und Reinheit unserer kirchlichen Beerdigungsfeiern zu schützen.

Mit freundlichem Gruß!
Paul Schneider, Pfarrer

Quelle: *Wentorf 1989*, 104

- Um diesen Text zu verstehen, müßt ihr euch an einiges aus dem Geschichtsunterricht erinnern. Klärt die folgenden Begriffe und Abkürzungen: *Hitlerjugend, BdM, Arbeitsdienst, SA, NSDAP!* Ihr könnt sie auch in einem größeren Lexikon nachlagen, z.B. in der *Brockhaus Enzyklopädie.* Sucht auch im Internet.
- *Horst Wessel* (1907-1930), Student und Mitglied der NSDAP seit 1926 verfaßte das nach ihm benannte Horst-Wessel-Lied (›Die Fahne hoch …‹), das von der nationalsozialistischen Reichsregierung neben dem Deutschlandlied zur Nationalhymne erhoben wurde. Beschafft euch das Lied (eventuell auch eine Aufnahme aus der Zeit des Dritten Reiches) aus der Stadtbibliothek! Ihr findet Text und Melodie auch im Internet! Sprecht darüber, warum es von den damaligen Machthabern als so bedeutsam angesehen wurde!
- Die Bemerkung des Kreisleiters *Nadig* weist auf eine bestimmte Religionsvorstellung hin, die in Anlehnung an germanisches Denken gebildet worden ist. Man nennt sie »Deutscher Glaube«. Versucht, sie näher zu beschreiben und sie von der christlichen Position Schneiders abzugrenzen!
- Über das Verhalten des Pfarrers kann man unterschiedlicher Meinung sein. Hätte er nicht toleranter sein müssen? Hat er die NSDAP nicht unnötig gereizt? Er wußte doch, daß er bereits unliebsam aufgefallen war. Oder hätte jeder Pfarrer damals so handeln müssen?

Der Vorfall hatte beträchtliche Folgen. Denn Schneider wurde in *Schutzhaft* genommen. Er wurde allerdings bald wieder freigelassen. Denn er hatte ja in kirchlichem Interesse gehandelt und sich politisch nicht verfehlt. Man gab aber Schneider den Rat mit auf dem Weg, er möge sich in Zukunft »staatsfeindlicher Äußerungen« enthalten.

In **Schutzhaft** konnten im Dritten Reich alle Bürger genommen werden, die man als Staatsfeinde ansah. Sie konnten beliebig lange gefangengesetzt werden.

Im darauffolgenden Jahr (1935) gab es erneut Schwierigkeiten mit dem Pfarrer. Denn dieser hatte sich geweigert, die Konfirmandenstunde mit dem **Deutschen Gruß** (»Heil Hitler!« Bei erhobener rechter Hand) zu eröffnen und zu beschließen, wie es für jede Unterrichtsstunde in der Schule vorgeschrieben war. Denn der Konfirmandenunterricht in Dickenschied fand aufgrund einer vertraglichen Vereinbarung in den Räumen der Schule statt. Nun konnte man Schneider zwar nicht zum Deutschen Gruß zwingen. Denn der Konfirmandenunterricht war eine anerkanntermaßen kirchliche Veranstaltung. Aber man verbot dem Pfarrer polizeilich, diesen weiterhin in der Schule abzuhalten. Er mußte in sehr beengte Räume der Kirchengemeinde ausweichen. Seitens der Regierung hielt man Schneider nun bereits für einen »ausgesprochenen Feind des neuen Staates«. Es wurde auch überlegt, ihn ganz aus dem Amt zu entfernen. – Margarete Schneider, die Frau Paul Schneiders, hat später erklärt, daß ihr Mann nie die Hand zum Deutschen Gruß erhoben hat. Schneider hatte diesen wohl schon damals für Abgötterei gehalten.

• Wie muß man das Verhalten Schneiders beurteilen? Die gemäßigt deutschchristliche Deutsche Evangelische Kirche (DEK=Evangelische Reichskirche) hatte 1936 die Grußpflicht für den Konfirmandenunterricht, wenn er in der Schule stattfand, ausdrücklich anerkannt. Und kaum einer der Pfarrer dürfte mit dieser Regelung Schwierigkeiten gehabt haben! Jedenfalls ist darüber bisher wenig bekannt geworden.

Weitreichende Folgen hatte der **Wahlboykott des Ehepaars Schneiders** bei den Reichstagswahlen im Jahre 1936. Die »Wahl« war eine reine Scheinwahl. Denn man konnte nur mit »Ja« für die nationalsozialistische Partei abstimmen. Diese reagierte bald. Einige Tage später fand sich am Pfarrhaus in großen Schriftzügen die Parole aufgetragen:

M 10

Er hat nicht gewählt. Vaterland, Volk, was sagst du ??!!

Quelle: *M. Schneider 1957, 68*

Immerhin aber hatte Schneider zur Wahl – wie es angeordnet worden war – die Glocken läuten und die Kirche beflaggen lassen. Er tat dies aber mit unguten Gefühlen, wie er seiner Gemeinde gegenüber in einer öffentlichen Erklärung darlegte:

M 11

Die erzwungene Anteilnahme der Kirche an der heutigen Reichstagswahl, durch Glockenläuten und Fahnen zu zeigen, zwingt mich,
aus meiner Zurückhaltung, die ich bisher beachtet habe, herauszu-
treten. Die Kirche kann dem Staat in seinen Plänen und Handlungen entweder den göttlichen Segen anwünschen oder aber dem
Staat mit der göttlichen Warnung entgegentreten, wenn seine Pläne, Entschlüsse und Handlungen offenbar gegen Gottes Willen und
Wort gerichtet sind. – Fahnenzeigen und Glockenläuten aber können nur zu leicht als Segensanwünschungen verstanden werden.
Diese Segensanwünschung aber kann die Kirche dem Staate im Augenblick nicht geben. Offenbar ist mit dieser Reichstagswahl nicht
nur verbunden, daß wir dem Führer unsere Stimme geben und die
Außenpolitik des Führers billigen, sondern auch, daß wir die das
ganze Schicksal der Nation zutiefst berührende Weltanschauungs-
politik des Nationalsozialismus billigen, die sich in immer mehr offenbar werdenden Gegensatz zum biblischen Christentum setzt ...
Die Kirche Christi kann darum den Weg des Dritten Reiches in diesen wichtigsten aller Fragen nicht gutheißen, kann der Wahl des
neuen Parteireichstages die göttliche Segensanwünschung nicht
geben. Sie ist vielmehr schuldig, dem Führer und der Regierung die
göttliche Warnung und Gottes Gericht anzusagen, wenn von der
Politik der Entchristlichung und Entkonfessionalisierung des öffentlichen Lebens nicht Abstand genommen wird.

Quelle: *Wentorf 1989*, 121f

- Der Forscher *Albrecht Aichelin* vertritt die Meinung, daß Schneider
  in dieser Erklärung »zu scharfen Urteilen über den Nationalsozia-
  lismus insgesamt« gekommen sei. Man könnte aber auch anderer
  Meinung sein. Stellt deshalb ganz genau fest, wogegen Schneider
  Stellung bezieht! Hat er auch die *Politik* der Nationalsozialisten kritisiert? Die Beantwortung dieser Frage ist wichtig für die Einschätzung von Schneiders Handeln insgesamt.
- Erinnert euch an den Geschichtsunterricht oder an Filme aus dem
  Fernsehen oder auch an das, was ihr sonst gelesen und gehört habt:
  Welche sind [die] besondere[n] Merkmale der nationalsozialisti-
  schen Weltanschauung?
- Hätten sich nicht eigentlich alle Pfarrer so wie Schneider verhalten
  müssen?

Das Faß zum Überlaufen brachte im Jahre 1936 Schneiders Auseinandersetzung mit den beiden deutschchristlichen Lehrern von Dickenschied und Womrath. Sie wurden von Schneider zurechtgewiesen, weil sie im Religionsunterricht nicht den Standpunkt der *Bekennenden Kirche* vertraten.

Schneider gehörte der **Bekennenden Kirche** an. Diese trat – im Gegensatz zu den Deutschen Christen – für die völlige Unabhängigkeit der Kirche von weltanschaulichen und politischen Ideen und Bewegungen ein. Nur die Bibel als geoffenbartes Wort Gottes und das Bekenntnis Kirche sollten gelten. Die Auseinandersetzung zwischen beiden Bewegungen bezeichnet man als **Kirchenkampf**.

Sie behandelten z.B. kaum noch Texte aus dem Alten Testament. Schneider drohte *K.W. Sturm* (Womrath) und *Friedrich Kunz* (Dikken-schied) **Kirchenzucht**verfahren an. Diese wurden auch eingeleitet. Die Lehrer sollten vor allem nicht mehr am Abendmahl teilnehmen und z.B. auch das Patenamt nicht mehr ausüben dürfen. Kirchenzuchtmaßnahmen sind in der Geschichte der Kirche nur sehr selten angewandt worden. In den Gemeinden Schneiders wurde allerdings Kirchenzucht auch schon vor 1933 praktiziert, z.B. in Fällen von Ehebruch. Die Verfahren gegen die beiden Lehrer wurden allerdings aus verschiedenen Gründen nicht zuende geführt.

- Wie ist es zu erklären, daß Kirchenzuchtmaßnahmen in der Geschichte so selten praktiziert worden sind?
- In der Bekennenden Kirche ist öfter als sonst in der Kirchengeschichte über Kirchenzucht gesprochen worden. Könnt ihr dafür Gründe nennen? Lest noch einmal die Erklärung Schneiders über das Glockenläuten bei der Reichstagswahl (**M 11**)!
- Ihr habt nun *fünf* verschiedene religiöse Institutionen und Gruppen kennengelernt. Könnt ihr einzelne von ihnen (oder vielleicht auch alle) voneinander unterscheiden? Hier sind sie noch einmal im Überblick (mit zusätzlichen Informationen):

Deutsche Christen (DC)	Evangelisches Konsistorium der preussischen Rheinprovinz (Koblenz/ab 1935: Düsseldorf)	Völkisch-germanische Religion (»Sturm Horst Wessel«); ab 1935: Deutsche Glaubensbewegung (DG)	Deutsche Evangelische Kirche (DEK [Berlin]): Zusammenschluß aller Landeskirchen zu einer Reichskirche	Bekennende Kirche (BK)

- Man kann oft die Meinung hören, daß die Bekennende Kirche gegen den nationalsozialistischen Staat Widerstand geleistet habe und daß diese Auseinandersetzung der »Kirchenkampf« gewesen sei. Diskutiert diese Meinung!.
- Schneider hat sich am Kirchenkampf beteiligt. Dazu habt ihr ein wichtiges Ereignis kennengelernt. Aber er hatte noch einen anderen Gegner. Nenne und beschreibe ihn! Diese Gegnerschaft ist das Besondere an ihm.

Die Lehrer rächten sich dadurch, daß sie Schneider als Staatsfeind verdächtigten. Sturm schrieb an die Regierung:

M 12

Pfarrer Schneider ist bereits über den ganzen Hunsrück als übler reaktionärer und fanatischer Hetzer gegen die nationalsozialistische Weltanschauung (die er mir gegenüber als »Teufelswerk« bezeichnete) berüchtigt. Er hat nicht nur die Volksmeinung in seinen Gemeinden Dickenschied-Womrath vergiftet, sondern bereist auch die weitere Umgebung heimlich wühlend und Flugblätter verteilend. Die wenigen Dorfinsassen, die noch der Bewegung freundlich gegenüberstehen, werden irre an der Durchschlagskraft von Staat und Partei, weil diese das Treiben schon so lange untätig ansehen.

Quelle: *Aichelin 1994*, 144f

Auch Kunz drängte auf »Unschädlichmachung dieser staatsfeindlichen Kreise«. Ähnlich wie Sturm sah Kunz in Schneider einen

M 13

der gefährlichsten Aufwiegler und einen der aktivsten Feinde von Staat und Bewegung überhaupt, der in seiner maßlosen Hetztätigkeit nur noch von Emigranten und sonstigen deutschfeindlichen Ausländern erreicht wird.

Quelle: *Aichelin 1994*, 175

Die Anfeindungen und Verleumdungen der beiden Lehrer (und anderer Mitglieder in der Gemeinde) hatten bei der Koblenzer Regierung

Erfolg. Schneider wurde am 31. Mai 1937 in Schutzhaft genommen. Daß diese von Hitler persönlich verfügt wurde, zeigt, welche Wellen der Fall Schneider in der Öffentlichkeit bereits geschlagen hatte.

> Von den beiden Lehrern hat sich nur **Sturm** nach 1945 noch einmal bei Frau Schneider gemeldet und sein Bedauern zum Ausdruck gebracht. Nach dem Entnazifizierungsverfahren ist er wieder als Lehrer tätig gewesen. **Kunz** wurde 1937 aus persönlichen Gründen versetzt. Sein weiterer Verbleib ist unbekannt (nach Auskunft von Frau Margarete Schneider vom 22. September 1997).

II Schutzhaft und Ausweisung

In der Koblenzer Schutzhaft hoffte Schneider auf ein ordentliches Gerichtsverfahren. Er bekam allerdings nicht einmal die Gründe für seine Inhaftierung genannt. Erst Ende Juni 1937 erfuhr er, daß er wegen der Kirchenzuchtverfahren gefangengesetzt worden war. Aber zu einem Gerichtsverfahren kam es immer noch nicht.
Schneider wurde am 24. Juli 1937 aus der Haft entlassen. Gleichzeitig wurde er ohne Gerichtsverfahren aus der Rheinprovinz des preußischen Staates (heute: Rheinland) **ausgewiesen**. Schneider fühlte sich aber durch Gott so sehr an seine Gemeinden gebunden, daß er sich dem Ausweisungsbefehl widersetzen mußte. So zerriß er ihn einfach und warf ihn in den nächstbesten Papierkorb.
Am 25. Juli 1937 predigte er wieder in seiner Gemeinde. Er ließ sich aber überreden, zunächst einen mehrwöchigen Urlaub in Baden-Baden anzutreten, und übernahm anschließend in Hessen noch eine Urlaubsvertretung. Dann aber fuhr er wieder zurück. Am Erntedankfest desselben Jahres (3. Oktober) hielt Schneider den Gottesdienst in seiner Gemeinde. Die Bekennende Kirche billigte seinen Schritt, legte ihm aber sein Vorgehen als *persönliche Verantwortung* auf. Vergeblich hatte er auf eine *verbindliche Weisung seiner Kirche* gehofft.
Seinen geplanten Schritt kündigte er in einem Brief vom 30. September 1937 an die Reichskanzlei in Berlin ausdrücklich an. Nachdem er sich über die Unrechtmäßigkeit seiner Inschutzhaftnahme beschwert hatte, führte er weiter aus:

M 14

Der von mir genommene längere Urlaub, den ich wegen der langen Schutzhaft und wegen meines noch nicht ausgeheilten Beines auch brauchen konnte, ändert nichts an meiner grundsätzlich getroffenen Entscheidung in dem von mir bezeugten und zu bezeugenden Ungehorsam gegen ein unrechtes Gebot von Menschen. Ohne Rechtsgrund greift die Ausweisung erheblich in das Leben der Kirche und Gemeinde hinein. Sie reißt Pfarrer und Gemeinde auseinander, die vor Gott feierlich zueinander gewiesen sind. Auch für diese Zueinanderweisung gilt das Wort Heiliger Schrift: »Was Gott zusammengefügt, das soll der Mensch nicht scheiden«, ebenso wie für den christlichen Ehestand. Gemeinden und Pfarrer sind hier darum gehalten, dem unrechten Verlangen und Gebot obrigkeitlicher Personen zu widerstehen, zumal ein solcher ohne Rechtsgrund gemachter Eingriff in Freiheit und Selbständigkeit des kirchlichen Lebens den feierlichen Versicherungen der höchsten obrigkeitlichen Personen des Deutschen Reiches widerspricht.

Die gemachten Strafandrohungen von Geldstrafen oder Haft und neuer Schutzhaft können mich nicht schrecken. Gott kann mich wohl davon erretten, wenn er will, durch Einsicht obrigkeitlicher Stellen oder auf sonst eine Weise. Mögen die Strafen auch angewandt werden, so weiß ich doch, daß Gott Gericht und Gerechtigkeit schaffen wird allen, die Unrecht leiden, und daß er auch richten wird zwischen meiner Obrigkeit und mir an seinem Gerichtstage über den schuldigen Gehorsam nach Gottes Wort, Römer 13,1, welches Wort man mir bei meiner Ausweisung vorgehalten hat, und über den gebotenen Ungehorsam nach Gottes Wort Apostelgeschichte 5,29: »Man muß Gott mehr gehorchen denn den Menschen«, auf welches Wort ich mich auch bei Ablehnung meiner Ausweisung berufen habe.

Quelle: *Wentorf 1989*, 180

Schneider teilt in der Erklärung weiter mit, daß er mit seiner Rückkehr einer ausdrücklichen schriftlichen Aufforderung seiner Gemeinden Folge leiste.

Die Folgen seiner Aktion waren für Schneider absehbar. Die Erntedankpredigt in Dickenschied konnte er noch halten. Auf dem Weg zum Gottesdienst nach Womrath aber wurde er bereits verhaftet.

- Auch zu diesem Text hat *Aichelin* (siehe oben) geschrieben: Paul Schneider hat »offen ein Widerstandsrecht auszusprechen« gewagt. Überprüfe auch diese Meinung! Versuche genauer zu bestimmen, was Schneider unter »Ungehorsam« und unter »widerstehen« versteht! Von »Widerstand« spricht er nicht.
- Schneider stellt zwei Bibelverse gegeneinander. Der berühmte Vers aus dem Römerbrief lautet in der allgemein bekannten Übersetzung Luthers: »*Jedermann sei untertan der Obrigkeit, die Gewalt über ihn hat. Denn es ist keine Obrigkeit ohne von Gott; wo aber Obrigkeit ist, die ist von Gott verordnet.*« Diskutiert darüber, wann Christen dieser Weisung folgen sollten und wann sie sich wie Schneider auf Apostelgeschichte 5,29 berufen können!
- Kennt ihr andere Männer und Frauen, die sich den Anordnungen und Gesetzen eines Staates widersetzt haben? Vergleicht sie mit dem widerstehenden Verhalten Schneiders!
- Dürfen oder sollten religiöse Menschen (Christen, Muslime, Buddhisten und andere) sich in politische Angelegenheiten einmischen und z.B. Widerstand gegen den Staat leisten? Man kann darüber sehr verschiedener Meinung sein. Sucht Beispiele!

III   In Buchenwald

Am 26. November 1937 wurde Paul Schneider in das **Konzentrationslager Buchenwald** bei Weimar überstellt. Das Leben im Lager war hart, die Verpflegung schlecht. Er mußte täglich 14-16 Stunden in einem Steinbruch arbeiten. Besuch konnte er nicht empfangen. Nur zweimal im Monat konnte er – natürlich bei strengster Zensur – einen Brief erhalten und absenden. Schneider war Schutz-Häftling Nr. 2491 und mußte einen roten Winkel tragen, d.h. er war als *politischer* Straftäter eingestuft. Es kamen auch Schikanen vor. So hetzte *Ilse Koch*, die Frau des wegen seiner Grausamkeiten berüchtigten Lagerkommandanten *Karl Koch*, ihren Hund auf Schneider, der ihn blutig biß. Die Wunden wurden ärztlich nicht behandelt. Vielmehr wurde für den Betroffenen das Arbeitstempo verschärft.

Karl Koch wurde kurz vor der Befreiung des Lagers Buchenwald von den Nationalsozialisten wegen Korruption, Hehlerei, Unterschlagung und sittenlosem Verhalten hingerichtet. **Ilse Koch**, die »Hexe von Buchenwald«, wurde zu einer lebenslänglichen Gefängnisstrafe verurteilt. Sie hatte wegen ihrer Sammlung von Gegenständen aus tätowiertem menschlichen Leder öffentliche Aufmerksamkeit erregt. 1967 nahm sie sich in der Haftanstalt Aichach selbst das Leben.

Am 20. April 1938 kam es zu einem schweren Zwischenfall. Schneider hatte bei der **Flaggenhissung am Geburtstag Hitlers** in Buchenwald trotz ausdrücklichen Befehls seine Mütze nicht abgenommen. Die Verweigerung wurde umgehend bestraft. Auf dem Prügelbock erhielt er fünfundzwanzig Stockhiebe.

Außerdem wurde Schneider verschärften Haftbedingungen ausgesetzt. Er kam in den »Bunker«. So hieß in der Häftlingssprache das Gebäude mit den Arrestzellen. Wände und Fußböden der Zellen bestanden aus Beton und waren zwei Meter lang und ein Meter breit. Unterhalb der Decke, gegenüber der Tür war ein kleines vergittertes Fenster eingelassen. Fast ununterbrochen hat Schneider dann vom 20. April 1938 an bis zu seiner Ermordung im Bunker zugebracht. Er hatte kaum noch Kontakt zu den Mithäftlingen. Seine Lage beschrieb der Mithäftling *Fritz Männchen* folgendermaßen:

M 15

Später war die Zelle Schneiders ständig verdunkelt. Auf dem Boden stand das Wasser fünf Zentimeter hoch, die Wände waren völlig naß. Der Pfarrer durfte sich während seiner ganzen Bunkerhaft niemals waschen, er wurde auch niemals zum Baden geführt, wie es bei anderen Arrestanten der Fall war. Infolgedessen waren seine Kleider völlig verlaust, am ganzen Körper hatte er bis zu faustgroße Löcher von Schlägen. Die Wunden eiterten ständig, da er selbstverständlich kein Verbandzeug oder ähnliches zum Behandeln erhielt. Es ist beinahe unfaßbar, daß ein Mensch ein derartiges Martyrium so lange aushalten konnte.

Quelle: *Kogon 1974,* 237

Außerdem waren die Essensrationen stark gekürzt worden. Zeitweise wurden sie ganz ausgesetzt. Es war Schneider kaum noch möglich, Briefe zu schreiben und zu empfangen. Beaufsichtigt und persönlich auf grausame Weise mißhandelt wurde Schneider hauptsächlich von dem SS-Hauptscharführer *Martin Sommer*. Als »Henker von Buchenwald« ist dieser in die Geschichte eingegangen.

»**Martin Sommer** tauchte bis 1950 unter und wurde erst 1957 verhaftet. Er wurde angeklagt, 101 Morde begangen zu haben, und wurde 1958 von einem westdeutschen Gericht zu einer lebenslänglichen Haftstrafe verurteilt« (Buchenwald-report). »1973 wurde er ... wegen Haftunfähigkeit entlassen und verbrachte anschließend in einem evangelischen Heim ... einen geruhsamen Lebensabend« (Aichelin).

Auch im Bunker verkündigte Schneider das Evangelium. So rief er durch sein kleines Zellenfenster den auf dem Appellplatz angetretenen Mithäftlingen Bibelsprüche zu und versuchte, sie auzulegen. Er kam dabei nie sehr weit. Denn er wurde schon nach wenigen Minuten auf brutale Weise unterbrochen und jedesmal mit fünfundzwanzig Stockhieben bestraft. Für die Mithäftlinge war Schneider der »Prediger von Buchenwald«. Außerdem schrie er Namen von Mithäftlingen auf den Appellplatz, die gefoltert und ermordet worden waren.

Dabei hätte Schneider seine Situation möglicherweise verändern können. Juristisch lag gegen ihn ja nichts vor. Alle Prozesse waren schon Mitte 1938 eingestellt worden. Er hätte lediglich seiner Ausweisung aus dem Rheinland zustimmen müssen. In Buchenwald ist ihm jedenfalls mehrfach ein solches Angebot unterbreitet worden.

Allen Anzeichen zufolge wurde Schneider am 18. Juli 1939 in Buchenwald von dem Lagerarzt Dr. Er-

> **Erwin Ding-Schuler** (geb. 1912) beging im August 1945 in amerikanischer Haft Selbstmord.

win Ding-Schuler durch eine Überdosis des Herzstärkungsmittels Strophantin ermordet. Daß dieser auf höhere Weisung handelte, ist zwar nicht zu beweisen, aber äußerst wahrscheinlich.

* Erinnert euch aus dem Geschichtsunterricht an Verhältnisse und Vorgänge in Konzentrationslagern. Wenn ihr Genaueres von Buchenwald erfahren wollt, könnt ihr am besten im *Buchenwaldreport* nachschlagen. Dort finden sich eine Reihe von Berichten ehemaliger Häftlinge. Mit Hilfe des Personenregisters kann man leicht Näheres über die Untaten von Martin Sommer, von dem Ehepaar Koch und von Dr. Ding-Schuler ermitteln.
* Schneider hat ein außergewöhnliches Verhalten gezeigt und Mut bewiesen. Er war bereit, für seinen Glauben und die freie Ausübung des Glaubens zu sterben, aber auch – jedenfalls in Buchenwald – für mehr Menschlichkeit. Das ist auch von *solchen* Häftlingen anerkannt und bewundert worden, die seine religiöse Überzeugung nicht teilen konnten. Aber niemand in der Bekennenden Kirche ist Schneider darin gefolgt. War sein Weg doch nicht überzeugend? Hätte er am Ende nicht mehr bewirkt, wenn er nachgegeben und vielleicht wie z.B. Dietrich Bonhoeffer *heimlich* gegen das diktatorische Regime gehandelt hätte?
* Hätte Schneider bei seinem öffentlichen Widerspruch nicht auch an seine Familie denken müssen? Er war verheiratet und hatte sechs kleine Kinder. Durfte ihm sein Eintreten für den Glauben wichtiger sein als sie?

• Ein Freund berichtet von einem Spaziergang mit Schneider im Sommer 1935: **M 16** »*Auf dem Rückweg benutzte ich einen Augenblick, als wir allein waren, ihn inständig zu bitten, doch jedes Ärgernis zu vermeiden. Auf meine Bitten meinte er, er könne allerdings nur versprechen, sich nicht zu einem Martyrium zu drängen, wo immer aber er zu einem Zeugnis aufgerufen würde, könne er nicht anders, als bezeugen, daß es auf Erden kein anderes Heil gebe als allein Jesus Christ*« (Quelle: M. *Schneider* 1957, 65). Alle Forscher bezeichnen Schneider als Märtyrer. *Aichelin* aber geht aber noch einen Schritt weiter, wie ihr schon wißt. Er beschreibt Schneider auch als einen, der sich politisch widersetzt hat: »*Er handelte und wirkte dabei politisch, indem er dem NS-Regime seinen Unrechtscharakter vorhielt und ihm seinen Gehorsam aufkündigte.*« Bilde Dir selbst eine Meinung!

5.2 Struktur einer problemorientierten Unterrichtseinheit für die Klassen 7-10

5.2.1 Darstellung der Unterrichtseinheit

1. Stunde
Es sollen zunächst das Vorwissen und die Vorerfahrungen der SchülerInnen zu Situationen von Widerstand/Widerstehen ermittelt werden. Dazu wird als stummer Impuls der Begriff »Widerstand« notiert. Die SchülerInnen sind aufgefordert, das Wort zu erklären, Beispiele zu nennen und kurz zu beschreiben (z.B. Bürgerinitiativen, Widerstand gegen Castor-Transporte, Palästinenser-Aktionen, häusliche Auseinandersetzungen, sich Mode- und Markentrends widersetzen u.a.). Es ist auch zu erwarten, daß Namen und Vorgänge aus der Geschichte angeführt werden (z.B. Martin Luther, 20. Juli 1944, Gandhi, Martin Luther King).
Anschließend soll der Versuch gemacht werden, bestimmte Situationen zusammenzufassen, die in etwa das gleiche Profil haben. Das ist der Fall bei Ereignissen *politischen* Widerstands: Menschen setzen sich gegen eine politische Herrschaft oder gegen ein politisches System zur Wehr mit dem Ziel, ungerechte Herrschaft (z.B. eine Diktatur) zu beseitigen oder ein neues System zu errichten, das den Bedürfnissen einer Gesellschaft besser entspricht (z.B. eine Demokratie). Für solche Ablösevorgänge, die durch eine durchdachte Strategie des Vorgehens und die Vision eines neuen Zustandes politisch qualifiziert sind, kann entsprechend der Forschungssituation der Begriff **Widerstand** gesetzt werden. Politischer Widerstand in diesem Sinn kann

also nicht von einzelnen geleistet werden. Seine Träger sind vielmehr Gruppen und Organisationen. Gleichwohl können sich natürlich einzelne als Widerstandskämpfer in ihnen exponieren.

Davon lassen sich andere Situationen des Widersetzens unterscheiden, die sich aus den Assoziationen ergeben werden, in denen es vor allem auf den einzelnen ankommt. Er ist herausgefordert, sich einer schlechten Entwicklung in verschiedensten gesellschaftlichen Bereichen zu verweigern, seinen konträren Standpunkt zu behaupten, Bündnispartner zu mobilisieren und gegebenenfalls persönliche Nachteile in Kauf zu nehmen. Der individualethische Wert, der solches Verhalten angemessen zum Ausdruck bringt, kann mit Sich-Widersetzen oder **Widerstehen** umschrieben werden. Der Begriff Widerstehen wird hier bevorzugt, weil in ihm – wie das Beispiel Paul Schneider lehrt – das Moment des Handelns deutlicher mitschwingt. Außerdem ist er derzeit noch nicht durch Definitionen belastet. Sehr verschiedene Vorgänge können in ihm zusammengefaßt werden: Verweigerung, Protest, Demonstration, öffentliche Klage oder Widerrede, Aufrufe, Halten von Distanz, u.ä.

Die Moderation des Unterrichts wäre also so anzulegen, daß sie die Diskussion auf die beiden herauszustellenden Begriffe zuführt.

Bei älteren SchülerInnen könnte der Einstieg auch über eine kurze Erlebnisbeschreibung zum Thema »Als ich einmal Widerstand geleistet habe« (»Als ich mich einmal zur Wehr gesetzt habe«) gewählt werden. Ziel des Unterrichts wäre es, entgegen einer gängigen und populären Meinung den positiven Wert sowohl von Widerstand wie von widerstehendem Verhalten herauszuarbeiten und die Verantwortlichkeit des einzelnen zu schärfen.

2. Stunde

Die SchülerInnen werden in einem zweiten Unterrichtsschritt mit dem nigerianischen Widerstandskämpfer *Ken Saro-Wiwa* bekanntgemacht. Allerdings soll an dieser Stelle des Unterrichts nur kurz über ihn berichtet werden, um die Aktualität des Themas Widerstand/Widerstehen zu unterstreichen. Eingeführt werden kann Ken Saro-Wiwa durch einen Basistext, der nach einem Zeitungsartikel von *Manfred Loimeier* aus Anlaß seiner Hinrichtung abgefaßt worden ist (**M 17**). An Ken Saro-Wiwa kann den SchülerInnen der Begriff des Widerstands verdeutlicht werden.

Für die weitere Arbeit an dem nigerianischen Bürgerrechtler in einer späteren Unterrichtsstunde könnte von einer dazu beauftragten Gruppe von SchülerInnen die Möglichkeit genutzt werden, Material bei der Gesellschaft für bedrohte Völker oder bei Greenpeace anzufordern. Die SchülerInnen würden – ein sehr erwünschter Nebeneffekt des Unterrichts – wichtige gesellschaftliche Institutionen kennenlernen, die für die Humanisierung der Gesellschaft eintreten. Vielleicht ist auch ein Nigerianer vor Ort bereit, über das Schicksal des Volkes der Ogoni und über Ken Saro-Wiwa im Unterricht Auskunft zu geben. Zur Vorbereitung auf den Unterricht (auch für die Hand der Schüler) ist besonders das preiswerte Buch (12 DM) von *Manfred Loimeier* (Literaturverzeichnis!) geeignet. Zum Stichwort »Ken Saro Wiwa« bietet die Suchmaschine Fireball im Internet eine Reihe von Adressen an, unter denen man Material finden kann.

3. Stunde

Paul Schneider wird eingeführt mit einem Brief, den er im Juni 1934 an den zuständigen Superintendenten geschrieben hat (**M 9**). Zunächst werden unbekannte Begriffe geklärt (s.o. S. 16 und S. 47).

Die folgenden Gesichtspunkte sollten dann an dem Text entwickelt werden: a) Die Begriffe »reine Lehre« und »heiliges Wort« weisen darauf hin, daß Schneider die Position der Bekennenden Kirche teilt. In diesen Zusammenhang wären auch die Sachverhalte Deutsche Christen und Kirchenkampf aufzunehmen (s.o. S. 1 ff); b) An der Szene auf dem Friedhof werden Merkmale der Persönlichkeitsstruktur Schneiders deutlich: Sein Verantwortungsbewußtsein, seine unbedingte Wahrheitsliebe, sein Ethos als Pfarrer, seine Beharrlichkeit, der Ernst seines Bekenntnisses); c) Schneider sieht sich mit den Nationalsozialisten in einer innerreligiösen bzw. weltanschaulichen Konkurrenzsituation: Die Ewigkeit Gottes steht gegen den »Sturm Horst Wessel« (Position des sog. »Deutschen Glaubens«; s.u. S. 78 f); d) Schneider setzt sich mit Engagement für seine, als richtig erkannte Position ein und hat den Mut, sich damit auch vor politisch Mächtigen zu behaupten und sich ihnen zu widersetzen. Er erfüllt damit die oben beschriebenen Kriterien des Widerstehens.

> Mit der Analyse des ersten Dokuments könnte begonnen werden, eine *Zeitleiste* anzufertigen (im Klassenraum und verkleinert als Arbeitsblatt), die die Jahre 1933-1939 umfaßt und neben den wichtigsten Lebensdaten die einzelnen Konflikte des Pfarrers mit den Nationalsozialisten enthält. Letztere können den SchülerInnen durch Lehrervortrag vermittelt werden (s.o. S. 13 ff und S. 46 ff).
> Parallel zum Lebenslauf Schneiders werden wichtige Ereignisse aus der Geschichte des Dritten Reiches in die Zeitleiste eingetragen. Solche Angaben können dem Geschichtsbuch entnommen werden. Mit dem Fortgang des Unterrichts kann die Zeitleiste dann jeweils weitergeschrieben werden.

4. Stunde

Hauptsächlich soll in dieser Doppelstunde Schneiders Umgang mit der *Obrigkeit* behandelt werden. Dieser kommt am besten in seinem Brief an die Reichskanzlei in Berlin vom September 1937 zum Ausdruck (**M 14**). Er sollte so in den Unterricht eingeführt werden, daß er von einem Schüler / einer Schülerin vorgetragen (vorbereitetes Lesen) und im Klassengespräch im Hinblick auf das Verhalten Schneiders zur Obrigkeit thematisch interpretiert wird. Darüber hinaus bietet es sich an, dem Schreiben einzelne Persönlichkeitsmerkmale Schneiders zu entnehmen, wie z.B. seine Offenherzigkeit, sein Vertrauen in die Rechtmäßigkeit seines Handelns, sein Verantwortungsbewußtsein für die ihm anvertraute Gemeinde, seine Radikalität in der Beharrung auf bestimmten christlichen und kirchlichen Positionen.

Zur Hauptsache werden mit den SchülerInnen die aus dem Dokument sich ergebenden verschiedenen Positionen des Verhältnisses von Kirche und Staat herausgearbeitet: 1) Die im Protestantismus dominierende Position ergibt sich aus der Berufung auf Röm 13. Schneider zitiert den ersten Vers, in dem es heißt: »Jedermann sei den vorgesetzten Obrigkeiten untertan; denn es gibt keine Obrigkeit außer von Gott; die bestehenden sind aber von Gott eingesetzt« (Zürcher Bibel). Das ist im Prinzip auch die Meinung Schneiders, jedenfalls aber die der Bekennenden Kirche. Sie impliziert die strikte Trennung von Kirche und Staat und legt nahe, daß Christen sich auch in Konfliktsituationen nicht gegen den Staat wenden. 2) Paul Schneider geht über diese Position hinaus, weil er Fälle kennt, wo der Christ zu widerstehen hat, nämlich dort, wo die freie Verkündigung des Evangeliums gefährdet ist. Er beruft sich dazu auf Apostelgeschichte 5,29. 3) Schneider hat die Obrigkeit als Obrigkeit nie angegriffen oder kritisiert. Zum Nationalsozialismus sah er sich wesentlich in einem weltanschaulichen Gegensatz, in dem Totalitätsanspruch gegen Totalitätsanspruch stand. In seinem entschiedenen Plädoyer für die Beibehaltung der Bekenntnisschule erklärte er 1936: »Kein Einsatz darf uns für unsere Kinder, ihre Seelen und ihr ewiges Heil zu schade sein! ... Auch das Evangelium erhebt den Totalitätsanspruch und nicht erst seit gestern. Ich kann meinerseits nicht glauben an das friedliche Nebeneinander von christlicher und völkischer Erziehung und die führenden Leute auf der anderen Seite glauben auch nicht dran« (*Aichelin 1994*, 136).

Hier könnte sich eine Diskussion über die *allgemeine Frage* anschließen, ob und inwieweit religiös eingestellte Menschen (z.B. auch Muslime oder Buddhisten) sich gegen Regierung und Staat wenden dürfen.

6./7. Stunde

In diesen Stunden soll die Verhaftung Schneiders und sein Aufenthalt und Leiden im Konzentrationslager Buchenwald besprochen werden. Der Zugang könnte über den Film »Geboren in Pferdsfeld – Paul Schneider, der Prediger von Buchenwald« (45 Minuten) erfolgen. Er könnte um Anfang und Ende gekürzt werden. Problematisiert werden muß in der Besprechung des Films der undifferenziert verwendete Widerstandsbegriff.

Der Film ist z.B. auszuleihen bei dem »Film Funk und Fernseh Zentrum der EKiR (FFFZ)«, Kaiserswerther Str. 430, Tel. 0211/4580-0.

8. Stunde

Weitere Dokumente sollen die Situation Schneiders im KZ beleuchten. Zunächst sollte der Bericht des Mitgefangenen *Fritz Männchen* eingeführt werden (**M 15**). Er wäre eventuell zu ergänzen aus Berichten des *Buchenwaldreports* (s. Literaturverzeichnis). Im Zusammenhang anderer Berichte wird erst wirklich deutlich, daß Männchen offensichtlich ein Stück »Normalität« des Lebens im Lager beschreibt. Aufschluß über Schneiders Leiden in Buchenwald, aber auch über die Umstände seines Todes bzw. seiner Ermordung, gibt weiter der Bericht des Arztschreibers und Mithäftlings *Walter Poller* (**M 18**). Dieses Dokument ist didaktisch besonders wichtig, weil es die Betroffenheit der SchülerInnen herausfordert, Mitleiden ermöglicht, aber auch einen Blick auf die unglaublichen Gewaltverhältnisse in den Konzentrationslagern gewährt. Der Poller-Bericht sollte weiter unter dem Gesichtspunkt besprochen werden, welches Persönlichkeitsprofil Schneiders sich aus ihm ableiten läßt. *Methodisch* könnte das Poller-Dokument wegen seiner Länge so eingeführt werden, daß der Text von einer Schülergruppe vorbereitet und in den wichtigsten Passagen vorgelesen wird.

9. Stunde (1. Vorschlag)

Vom Fall Schneider ausgehend und rückblendend auf die erste Stunde soll jetzt danach gefragt werden, wo es heute relevante Situationen des Widerstehens gibt. Dabei könnten Gorleben und die Castor-Atommülltransporte das besondere Interesse der SchülerInnen finden. Mit Hilfe des Internets könnten sie sich selbst auf den Weg machen, um Informationen und Material zu finden. Die Suchmaschine Fireball bietet zu den Stichwörtern »Gorleben« und »Castor« zahlreiche Adressen an. Damit aber wäre man bereits an der Schwelle zu einer neuen Unterrichtseinheit.

9. Stunde (2. Vorschlag)

Abschließen könnte man die Unterrichtseinheit auch mit einer Weiterführung der Arbeit über Ken Saro-Wiwa, wenn dazu eine Arbeitsgruppe tätig geworden ist, wie es im Plan der 2. Stunde vorgeschlagen wird. Auch in diesem Fall könnte man zu einer sich anschließenden Unterrichtseinheit überleiten, die auch gut vom Geographieunterricht übernommen werden könnte.
Die Wiederaufnahme dieses Themas würde sich auch deshalb empfehlen, weil die mit der Hinrichtung Ken Saro-Wiwas bekanntgewordene Situation nach wie vor aktuell ist. Die SchülerInnen könnten sich über den Unterricht hinaus angeregt fühlen, den Fortgang der Ereignisse in Nigeria im Spiegel der Presse und des Fernsehens zu verfolgen. Es gilt, durch Proteste aus der ganzen Welt eventuell zu verhindern, daß weitere Oppositionelle in diesem afrikanischen Land gefangengesetzt und hingerichtet werden. Auch SchülerInnen können sich an Postkartenaktionen von Greenpeace, amnesty international oder der Gesellschaft für bedrohte Völker beteiligen.

5.2.2   Dokumente M 17 und M 18

M 17

Ken Saro-Wiwa (1995)

Am Vormittag des 10. November 1995 um 11.30 Uhr wurde der Schriftsteller Ken Saro-Wiwa zusammen mit acht weiteren Bürgerrechtlern wegen Beihilfe zum Mord in Nigeria gehenkt. Ihm und seinen Mitstreitern wurde zur Last gelegt, für den Tod von vier Politikern des Landes verantwortlich zu sein. Obwohl die Männer nachweislich nicht am Ort des Geschehens waren, wurden sie vor ein Sondergericht gestellt und zum Tode verurteilt. In der Urteilsbegründung führte der Vorsitzende Richter, Ibrahim Auta, aus, Saro-Wiwa sei zwar nicht unmittelbar an der Tötung beteiligt gewesen, habe aber mit seinen Mitarbeitern unzweifelhaft die Maschinerie in Gang gesetzt, die zum Mord an den vier Politikern geführt habe.

Die Umstände des Prozesses lassen darauf schließen, daß dieser rechtsstaatlichen Prinzipien nicht entsprochen hat. Bezweifelt werden muß weiter, daß das Verfahren fair abgewickelt worden ist. Die Unabhängigkeit des Gerichtes von der Regierung scheint nicht gewahrt gewesen zu sein. Einer der drei Richter war überdies ein Vertreter der Armee. Außerdem wurde nicht vor einem Zivilgericht verhandelt, sondern vor einem Sondertribunal. Schließlich ist herausgekommen, daß zwei Zeugen von der Regierung bestochen worden waren. Sieben weitere Zeugen unterliegen dem Verdacht der Bestechung. Konsequenzen für das Verfahren zugunsten der Angeklagten hatte dieser Umstand allerdings nicht.

Nach alledem scheint klar, daß es in dem Verfahren gegen Ken Saro-Wiwa nur vordergründig um die Morde ging. Sie waren lediglich ein Vorwand. In erster Linie ging es um eine politische Auseinandersetzung und um eine politische Abrechnung. Denn mit dem Schriftsteller saß ein Oppositioneller gegen das diktatorische Regime des Generals Sani Abacha auf der Anklagebank. Saro-Wiwa hatte Korruption angeprangert und das Militärregime kritisiert, sowie die politische und ökonomische Elite des Landes der Verantwortungslosigkeit bezichtigt. Insbesondere aber hatte er sich für die Interessen seines, des Ogoni-Volkes eingesetzt, das seit 500 Jahren im Niger-Delta wohnt und durch Umweltschäden größten Ausmaßes bedroht ist. Es geht um Öl, das vor allem der Shell-Konzern seit 1958 dort fördert. Eine nicht umweltbewußt betriebene Ölgewinnung zerstört das empfindliche Ökosystem des Deltas und schränkt die Lebensmöglichkeiten der

Ogoni erheblich ein. Diese haben die Lasten der Ölförderung zu tragen, ohne daß sie aus den Gewinnen dafür entschädigt werden. Nur einige wenige erhielten in der Ölgewinnung Arbeit.

Erst 1990 begannen sich die Ogoni zu organisieren und gründeten den Dachverband Mosop (»Bewegung für das Überleben der Ogoni«), dem verschiedene Organisationen angehören. In einer Bill of Rights erklärten die Wortführer der Ogoni am 26. August 1990, daß die stärksten Volksgruppen Nigerias das Land in Krieg und Diktatur gestürzt und die Ogoni zu Sklaven erniedrigt hätten. Die Ogoni-Führer forderten politische Autonomie, Mitspracherecht in den nationalen Institutionen, Förderung ihrer vom Verschwinden bedrohten Kultur sowie Gewinnbeteiligung an ihren Bodenschätzen, besonders also am Öl.

Seit 1993 war Ken Saro-Wiwa Präsident des Mosop. Der Mosop legte sich mit der Regierung und mit dem Shell-Konzern an und machte international auf sich aufmerksam. Die nigerianische Regierung, eng mit den Ölgesellschaften im Lande zusammenarbeitend, reagierte auf die Mosop-Aktivitäten mit äußerster Härte, mit Hausarrest und mit Verhaftungen, auch von Ken Saro-Wiwa. Eine 400köpfige militärische Sondereingreiftruppe wurde nach der letzten Verhaftung Saro-Wiwas gebildet, die vornehmlich im Ogoni-Gebiet operiert und vor Gewalttakten nicht zurückschreckt. Sie wird geleitet von Major Paul Okuntimo. Human Rights Watch liegen Angaben über eine Reihe von Exekutionen, Plünderungen, Vergewaltigungen, Prügeleien und widerrechtliche Verhaftungen vor. Ein Zeuge berichtet von Razzien, in deren Verlauf wildgewordene Soldaten Zivilisten erschossen. Mehrere Flüchtlinge gaben an, daß auf Befehl der Militärs ca. 2000 Ogoni an Polizeistationen festgehalten wurden. Ein Häftling erinnert sich, auf Befehl Okuntimos 60 Schläge auf die Fußsohlen erhalten zu haben, so daß er anschließend nicht mehr gehen konnte. Ein anderer mußte während der Prügel eine Flasche zwischen den Zähnen halten. Und wenn er sie während eines Schmerzensschreis verlor, wurden die Prügel von neuem gezählt. Inzwischen sind von der Eingreiftruppe 4000 Menschen ermordet und 80 000 vertrieben worden. 126 Ogoni-Dörfer wurden überfallen. 50 Menschen sind ohne Gerichtsverfahren hingerichtet worden.

Die Umstände des Verfahrens und das allgemeine Klima in Nigeria machen also deutlich, daß Ken Saro-Wiwa sterben mußte, weil er Widerstand geleistet und sich für die Rechte des Ogonivolkes eingesetzt hat.

Quelle: Nach einem Bericht von *Manfred Loimeier,* »Unser Tod wird unseren Sieg nicht aufhalten können.« Chronik eines angekündigten Todes oder: Der Prozeß gegen Ken Saro-Wiwa, der Kampf der Ogoni gegen Shell und die Lage in Nigeria, in: Frankfurter Rundschau 271/1995 vom 21. November 1995, 12

M 18

Das Leiden und die Ermordung Paul Schneiders in Buchenwald 1939

Zwei Jahre befand sich Pfarrer Paul Schneider aus Dickenschied in Buchenwald. ... Als er sich bei einem Appell weigerte, die ihm verhaßte Mörderfahne des Tausendjährigen Reiches zu grüßen, wurde er auf den Bock gelegt, mit fünfundzwanzig Stockhieben bestraft und dann, weil er sich standhaft weiter weigerte, den geforderten Gruß zu erweisen, in das Arrestgebäude gesperrt. Das war der Anfang seines Endes. Als Häftlinge, bei denen sich Schneider einer großen Beliebtheit und allgemeinen Achtung erfreute, weil er vom ersten Tage seiner Lagerzeit an alles buchstäblich mit seinen Mitgefangenen teilte, selbst das Brot und das wenige Geld, das er hatte, und weil er aus seiner christlichen Gesinnung und seiner Gegnerschaft gegen den Nazismus auch jetzt noch keinen Hehl machte, wußten wir, daß damit das Todesurteil über ihn gesprochen war. Aber niemand ahnte an diesem Tage, daß es erst nach mehr als einem endlos langen Jahre vollstreckt werden würde. Bei der Vollstreckung war ich zugegen.

Mehrfach wurde Schneiders Stimme, wenn die Zehntausende zum Appell angetreten waren, laut und deutlich aus dem Arrestgebäude fast über den ganzen Platz schallend, gehört: »Kameraden, hört mich. Hier spricht Pfarrer Paul Schneider. Hier wird gefoltert und gemordet. Um Christi willen, erbarmt euch. Betet zu Gott. Bleibt standhaft und treu. Gott, der allmächtige Vater, wird das Übel von uns nehmen.«

Für uns war es klar: Paul Schneider war ein Fanatiker des Glaubens, ein tiefreligiöser Mensch, der in der Leidensgeschichte seines religiösen Idealbildes den Trost und die Stärke fand, das Schwere bis zur Bereitschaft zum Tode auf sich zu nehmen. Paul Schneider glaubte an die Erlösung durch Jesus Christus, seinen Herrn. Er wußte, was nach solcher Predigt mit der Unvermeidlichkeit eines Naturgesetzes kommen mußte, aber das sittliche Gesetz in ihm zwang ihn, vorbildlich mutig so zu handeln.

Nach solchen Predigten wurde Schneider stets aus dem Arrest auf den Appellplatz gebracht und durchgepeitscht, bis das Blut durch die Kleider drang. Und dann wurde er halb ohnmächtig wieder in das Arrestgebäude zurückgeschleift.

Was Paul Schneider im Arrest außerdem noch durchzustehen hatte, weiß ich nicht, aber es muß grauenhaft gewesen sein. Denn er war dort in der Hand des Arrestleiters, des sadistischen SS-Scharführers Sommer, der mit Wollust prügelte, mit perverser Lust das Baumhängen vollzog und sich immer wieder Gift aus der Apotheke des Häft-

lingsreviers geben ließ, wonach regelmäßig ein Todesfall im Arrestgebäude verzeichnet wurde. Im Sommer 1939 bekam ich Paul Schneider
zum ersten Male aus nächster Nähe zu Gesicht. Er wurde von Scharführer Sommer plötzlich in das Häftlingsrevier gebracht.
Welch ein Anblick! Niemals habe ich die tiefe Tragik des Pilatuswortes
»Ecce homo« [»Seht, welch ein Mensch!«] erschütternder gefühlt.
Das große, edle, fahlgelbe Gesicht mit den hellen, offenen Augen leid-
zerfurcht und doch voll jener Verklärung, die edelstes Menschentum
und entschlossener Wille auf jede Kämpferstirn legt. Der Körper ab-
gemagert zum Skelett, die Arme unförmig geschwollen, an den Hand-
gelenken blaurote, grüne und blutige Einschnürungen. Und die Beine,
es waren keine Menschenbeine mehr, es waren Elefantenbeine.
Wasser! Wir, die wir viele Häftlinge schon hatten an Kreislaufstörun-
gen sterben sehen, standen vor einem Rätsel: Wie war es möglich, daß
dieser Mensch noch lebte? Daß er in diesem Zustande zwar unbeholfen
und wankend, aber doch aus eigener Kraft den langen Weg über den
großen Appellplatz durch die endlos lange Barackenreihe und durch
den Wald hinunter ins Häftlingsrevier zu gehen vermocht hatte?
SS-Scharführer Sommer, dessen schmutziges Gesicht mit den ebenso
stupiden wie jaguarverschlagenen und brutalen Zügen dazu abgrund-
tief kontrastierte, wich keinen Augenblick von Schneiders Seite, und
wir Häftlinge konnten kein Wort mit unserm Kameraden wechseln,
um Näheres zu erfahren. Was sollte hier geschehen? Wieder ein
Mord? So abgestumpft wir gegen den täglichen Massentod geworden
waren, hier rührte es uns doch tiefer an. Paul Schneider war nicht irgendein namenloser, unbekannter, aber deshalb nicht etwa weniger er-
barmungswürdiger Häftling. Paul Schneider war einer von denjeni-
gen, dessen Tod Kreise ziehen würde, Kreise bis hinüber nach Holland,
England, Schweden, Amerika. Und Paul Schneider war unser Kamerad, dessen Gesinnung vielleicht nicht die unsere, aber dessen Lauter-
keit und Tatchristentum über allen Zweifel erhaben war.
Doch unsere versteinerten Gesichtszüge verrieten dem SS-Scharführer Sommer nichts von dem, was in uns vorging. Nur die vertrautesten
Häftlinge wechselten miteinander Blicke, die dem geschulten Einge-
weihten sagten, was wir fühlten und wie bewegt wir innerlich waren.
Nicht den Bruchteil einer Sekunde unterließen wir unsere zugewiese-
ne Beschäftigung, und langsam schläferte das luchsartige Forschen in
den Augen des Schergen Sommer nach Anzeichen bei uns ein.
Dann kam der Lagerarzt Dr. Ding.
»Warum haben Sie sich nicht krankgemeldet, Schneider?« sprach ihn
Ding mit ruhigem, sachlichem, vorbildlich ärztlichem Tonfall an. Paul
Schneider wollte von der Bank aufstehen, auf die er sich hatte setzen
dürfen, aber Ding sagte sofort: »Bleiben Sie sitzen.«
Nun blickte Paul Schneider etwas hilflos zu Ding auf, offenbar über-
rascht von der Art, wie er angesprochen wurde. Aber deutlich sah ich

in seinen Augen, daß er dem Ton nicht traute. Er machte mit der rechten Hand eine Gebärde, als wüßte er nicht recht, was er antworten solle. Ding wiederholte noch einmal geradezu gütig-suggestiv: »Sie sind doch krank. Sie müssen sich doch melden, wenn Sie sich nicht wohlfühlen.« Schneider antwortete nichts. War denn dieser Dr. Ding nicht Lagerarzt im Konzentrationslager Buchenwald? War er denn ein ahnungsloser Engel aus einer anderen Welt? Sah er denn gar nicht, daß dieser Mensch hier offensichtlich bis an den Rand des Todes gefoltert worden war? Wir Häftlinge, die dabei waren, taten so, als wäre die Sache völlig belanglos für uns. »Kommen Sie mit«, fuhr Ding dann fort, »ich werde Sie untersuchen.« Paul Schneider erhob sich mühsam und wankte hinter Ding her in einen anderen Barackenraum, wo Ding Schneiders Körper abfühlte und mit einem Stethoskop abhorchte. Wird ihm Ding jetzt eine Spritze geben?

Nein! Er tut es nicht!

Er ordnet an: »Salbenverbände um die Handgelenke. Traubenzucker, Herzstärkungsmittel. Vorsichtige Massage. Rotlicht für die blutunterlaufenen Partien auf Rücken, Gesäß und Oberschenkel.«

Und überläßt die Ausführungen den Häftlingspflegern.

Was geht hier vor? Will man Paul Schneider jetzt anders behandeln? Menschenwürdig? So, wie es das äußere und innere Gesetz gebietet? Die Häftlingspfleger bemühen sich um Paul Schneider, aber sie können kein Wort mit ihm wechseln, das ihnen eine Erklärung, eine Beantwortung unserer Fragen geben könnte, denn Sommer weicht auch jetzt nicht von Schneiders Seite. Als Ding den Raum verläßt, ordnet er an: »Die Behandlung wird morgen fortgesetzt. Sommer, Sie bringen Schneider morgen früh nach dem Appell wieder ins Revier.«

Die Behandlung wurde etwa acht bis zehn Tage fortgesetzt. Schneider erholte sich überraschend schnell.

Einmal bin ich während dieser Zeit dabei, wie Ding ihn fragt: »Na, Schneider, wie fühlen Sie sichjetzt?« Schneider lächelt: »Gut, Herr Sturmführer.« Ding fragt weiter: »Haben Sie ein ordnungsgemäßes Lager in Ihrer Zelle?«

Schneider: »Ja, Herr Sturmführer.«

Ding: »Geben Sie doch Ihren Unsinn auf, Schneider. Sie sehen doch, daß Sie ordentlich behandelt werden, wenn Sie sich in die Lagerdisziplin einfügen.«

Paul Schneider antwortet nicht, lächelt nur, aber seine Augen funkeln. Ding fährt fort: »Ich werde mit dem Standartenführer sprechen, ob Sie aus dem Arrest entlassen werden können.«

Inzwischen haben die Pfleger mit Schneider sprechen können. Er war wieder einmal etwa vierzehn Tage in der Zelle ununterbrochen Tag und Nacht, wie ans Kreuz geschlagen, gefesselt worden. Scharführer Sommer, den er als Mörder und Folterknecht bezeichnete, hatte ihn immer in dieser Zeit besonders gräßlich mißhandelt. Er wußte sich nicht zu erklären, warum er jetzt plötzlich so anständig behandelt wurde. Ob er wohl entlassen werden sollte?

Als die Behandlung mit einem überraschend schnellen und guten Erfolg zu einem gewissen Abschluß gelangt ist, nimmt Ding wieder eine eingehende körperliche Untersuchung mit Auskultation des Herzens und der Lunge vor und sagt dann: »Sehen Sie, Schneider Sie haben sich prächtig erholt. Nur noch eine kleine Insuffienz. Na, ist ja erklärlich bei der ganzen Chose. Das kriegen wir aber auch noch hin. Wollen wir mal ein Herzstärkungsmittel injizieren.«

Ding holt aus der Apotheke eine Ampulle, zieht die Spritze in Schneiders Gegenwart auf und injiziert.

Am nächsten Tag bin ich nicht dabei, als Schneider von Sommer ins Revier gebracht wird. Nach Berichten der Pfleger hat Ding Schneider gefragt, wie er sich nach der gestrigen Spritze gefühlt habe. Schneider habe geantwortet, er habe sich im ganzen gut gefühlt, nur sei ihm etwas schwindelig gewesen. Das habe eigentlich nicht sein sollen, habe Ding darauf geantwortet, aber vielleicht liege eine gewisse Allergie gegen das Medikament vor mit dem er sonst immer sehr gute Ergebnisse erzielt habe. »Wir wollen es einmal mit einem anderen Mittel versuchen und sehen, wie Sie das vertragen.«

Als ich in das Behandlungszimmer komme, ist Ding nicht anwesend. Schneider sitzt unter der Höhensonne. Meinen Morgengruß erwidert er leise lächelnd. Er hat sich ausgezeichnet erholt. Arme und Beine sind wieder normal, nur der Körper ist noch ungewöhnlich hager, aber der Brustkorb wölbt sich breit und kräftig, und Schneiders Körperhaltung ist wieder gestrafft.

Ding kommt ins Zimmer. Er hat eine vollgesogene Spritze in der Hand. Er ist überraschend lebhaft. Oh, ich kenne dieses Wesen an ihm! Ich kann nicht mit dabeisein, verlasse den Raum und begebe mich ins Arztzimmer.

Ich bin wie gerädert. Hatte ich nicht auch schon zu glauben angefangen, daß Paul Schneider Buchenwald überstehen könnte? Und nun wieder diese plötzliche Wende! Mehr mechanisch und nur ungern, einem inneren Zwang folgend, gehe ich zum Papierkorb, in den Ding die leeren Ampullen zu werfen pflegt. Und dort liegen fünf leere Strophantinampullen. Zwei davon auf einmal injiziert sind schon tödlich. Kurze Zeit später kommt Ding in das Arztzimmer, setzt sich an den Schreibtisch, und ich reiche ihm die Unterschriftsmappe. Er unterschreibt, liest kein Schriftstück durch, ich sehe es deutlich, seine Gedanken sind ganz woanders.

Peix, der Häftlingspfleger der inneren Station, tritt ins Zimmer. So, jetzt kommt es, Ding tut geschäftig. Ich blicke auf Peix. Die Sekunde wird zur Ewigkeit.

»Herr Doktor«, sagt Peix, »soll Schneider jetzt wieder in den Arrest zurück?«

»Wie?« fragt Ding ganz überrascht und starrt einen Augenblick ins Leere, wie es jemand zu tun pflegt, der in dem plötzlich aufschreckenden Bruchteil einer Sekunde tausend Gedanken durchdenkt. »Wie? – So. – Nein.« Eine Atmosphäre grenzenloser Unbegreiflichkeit erfüllt den Raum und immer noch starrt Ding ins Leere. Dann aber sagt er, als handele es sich um eine harmlose Therapie: »Nein, leg ihn noch eine halbe Stunde unter den Lichtkasten.«

Peix geht aus dem Zimmer. Ding unterschreibt weiter. Sollte ich mich getäuscht haben? Das ist doch gar nicht möglich, daß irgendein Menschenherz diese Giftdosis länger als wenige Minuten überdauert! Sehe ich schon Gespenster?

Ding ist vollkommen ruhig, stellt Fragen an mich, bespricht dies und das. Ich muß mich getäuscht haben.

Da kommt Peix ins Zimmer gestürzt: »Herr Sturmführer, bitte schnell.« Ding springt auf, fragt gar nicht erst, was geschehen sei, und läuft mit schnellen Schritten hinter Peix her. Ich muß mich einen Augenblick an der Tischkante festhalten. Dann gehe auch ich ins Bestrahlungszimmer. Dort, lang hingestreckt auf dem Boden, liegt Paul Schneider. Tot. Ding kniet neben der Leiche, öffnet die geschlossenen Augenlider, Peix steht wie eine Bildsäule daneben.

Später erfahre ich dann, daß Paul Schneider unter dem Lichtkasten über plötzliches Schwindelgefühl geklagt habe. Der Pfleger habe darauf den Lichtkasten abgenommen, und als Paul Schneider auf den Stuhl zugegangen sei, auf dem seine Kleider lagen, sei er umgefallen.

Im Arztzimmer diktiert mir Ding dann eine frei erfundene, völlig verlogene Krankengeschichte. Eine Fieberkurve wird gezeichnet, obwohl Schneider nie im Revier in stationärer Behandlung war. In dem Totenbericht heißt es, daß Schneider bereits aus der stationären Behandlung des Reviers entlassen worden sei und sich nur noch in ambulanter Behandlung befunden habe. Der Tod sei nach einer Behandlung überraschend in der Nähe der Revierbaracke eingetreten. Die Todesursache sei wahrscheinlich Herzschwäche.

Der Lagerkommandant wird sofort benachrichtigt. Das ist das erste Mal, daß so etwas geschieht. Berlin bekommt durch Fernschreiben Bescheid. Die gefälschten Krankenpapiere, in denen eine mehrfache Revierbehandlung zusammengelogen wird, werden sorgsam zusammengestellt, um sie auf Anforderung sofort nach Berlin schicken zu können, und sie werden natürlich auch prompt angefordert.

Und indes die Totenträger den Leichnam in die erbärmliche Totenbaracke außerhalb des Lagers transportieren, zermartere ich mir den Kopf: Warum dieser Aufwand? Sonst macht man doch kurzen Prozeß. Jetzt wird sogar die Sektion der Leiche angeordnet. Die Rätselfrage wird immer unentwirrbarer für mich. Am nächsten Tag kommt der Prosektor vom Pathologischen Institut der Universität Jena zur Obduktion der Leiche. Ich muß das Sektionsprotokoll schreiben. Noch

einmal sehe ich Paul Schneider auf der Pritsche. Keine Spur irgendeiner Mißhandlung, keine Spur all des Leidens, das dieser Mensch
durchstehen mußte. Nur dort in der Beuge des rechten Armes eine
kleine, kaum sichtbare Stichverletzung, die Stelle, an der der Mörder
das Gift in die Blutbahn spritzte, das Gift, das nicht wirken wollte, wer
weiß, aus welchem Grunde nicht, und das dann unter dem herzschwä-
chenden Lichtkasten endlich zur Wirkung kam.
Die Leiche wird geöffnet. Alle Organe sind in Ordnung. Nirgends die
Spur irgendeiner Krankheit, die zum Tode hätte führen können. Das
Herz wird geöffnet, dieses große, überstarke, gläubige Herz. Das Sektionsprotokoll schließt mit den Worten:
Todesursache Herzinsuffizienz.
Und hier der Epilog. Er bringt auch die Beantwortung der Fragen, die
mir bis dahin noch Rätsel waren.
Schneiders Leiche wird nicht nach Weimar ins Krematorium geschafft. Ein paar Tage später werden Peix und ich beauftragt, die Leiche zu einer Besichtigung einzusargen und dabeizusein, wenn sie ab-
geholt wird.

Quelle: *Walter Poller*, Arztschreiber von Buchenwald (1946); abgedruckt in: *Wentorf
1989*, 223-226

6 Anregungen, Literatur und Materialien für den Religionsunterricht in der Sekundarstufe II und für die kirchliche Bildungsarbeit

Wie schon in der Einführung vermerkt, sind die Darstellung über Schneider (S. 13ff) und die Auswahl der Materialien bereits so angelegt, daß sie eine didaktische Struktur ergeben, die unmittelbar für die Arbeit in der Sekundarstufe II und in der kirchlichen Bildungsarbeit genutzt werden kann. Im Mittelpunkt stehen die *Konflikte* Schneiders mit der damaligen politischen Gewalt, die unter der didaktisch relevanten Leitfrage besprochen werden müssen, welche ethische Qualität sich für Christen heute aus ihnen ergeben und in welchem glaubensmäßigen Bezug sie verwurzelt sind. Demgegenüber ist nur wenig von der Biographie Schneiders die Rede, obwohl sie aufschlußreich sein könnte. Aber um auf sie didaktisch genauer eingehen zu können, müßten zu diesem Sachverhalt noch weitere wissenschaftliche Vorarbeiten geleistet werden. Dagegen hat es sich im Zusammenhang mit dem widerstehenden Handeln nahegelegt, auf Merkmale seiner Persönlichkeit zu achten. Ebenso ist die Theologie Schneiders nicht weiter beschrieben und analysiert worden. Denn diese enthält nur allgemeine, keine spezifischen Ansatzpunkte für eine Widerstandsethik. Von Gewicht ist allerdings der immer wieder auftauchende Aspekt möglichen Leidens für das öffentliche Bekenntnis zu Christus, der stark an die Märtyrergesinnung der Alten Kirche erinnert, besonders an das Leiden-müssen und das Leiden-wollen. Für die Arbeit in der Sekundarstufe II und in der kirchlichen Bildungsarbeit soll deshalb wenigstens ein Eindruck von Schneiders theologischem Denken gewonnen werden (s.u. S. 80ff).
Es gibt verschiedene Möglichkeiten, Schneider didaktisch zu rezipieren. In jedem Fall wäre aber darauf zu achten, daß man zwar die geschichtliche Ebene deutlich von der gegenwärtigen unterscheidet, anderseits aber doch versucht, der Relevanz des Themas und einzelner seiner Aspekte für christliche Existenz heute nachzugehen.
Für die historische Arbeit an Schneider sei noch angemerkt, daß es in jedem Falle notwendig ist, den einen oder anderen Text von ihm genauer zu analysieren. Seine Ausführungen sind zwar relativ einfach zu verstehen. Aber es ist schwierig, sie aus der Rückschau auf ihrem zeitgenössischen Hintergrund genau einzuschätzen. Gerade in den Predigten könnte es sein, daß Schneider etwas verschlüsselt mitteilen wollte.

6.1 Übersicht und einzelne Vorschläge

(1) Am einfachsten wäre es wohl, wenn ein Teilnehmer für eine Doppelstunde ein **Referat** erarbeitet und – je nach Schwerpunktsetzung – dem Plenum ein einschlägiges Dokument vorlegt, an dem die Schwierigkeit, Schneiders Position genau zu bestimmen, besonders deutlich hervortritt, so daß alternative Deutungen erwogen werden können. Diese Form bietet sich wohl vor allem für die Gemeindearbeit an, wenn nur ein Abend für das Thema zur Verfügung steht.

(2) Wo mehr Zeit ist, kann das Thema als **Kursthema** über zwei bis drei Wochen (Schule) oder in einem **Gemeindeseminar** von etwa fünf Abend-Veranstaltungen behandelt werden. Gegenüber den Möglichkeiten in der Sekundarstufe I ließen sich dann die Ereignisse um Schneider auch noch besser in die religiös-politischen Zusammenhänge der Zeit einzeichnen. Folgende Curriculumelemente sollten dazu erarbeitet werden:

I Die allgemeine **Akzeptanz Hitlers** und der völkischen Idee im deutschen Volk (ausgehend von den Dokumenten **M 1** und **M 2**) Es soll deutlich werden, daß die Mehrheit des deutschen Volkes politisch und emotional auf der Seite Hitlers stand. Auch Schneider war anfangs von der neuen Situation angetan. Mit Hitler wünschten sich die meisten Menschen eine autoritär geführte, sich von demokratischen Bedingungen abkehrende, starke politische Führung (Obrigkeit). Es ist davon auszugehen, daß auch Schneider keine Sympathie für demokratische Verhältnisse hatte! Schneiders Aktionen des Widerstehens fielen in eine Zeit der politischen Hochstimmung in Deutschland. Die meisten Deutschen gaben bei der Reichtagswahl am 29. März 1936 ihre Stimme an Hitler – aus Überzeugung. Zur allgemeinen Stimmung in der Bevölkerung und zur politischen Situation des Jahres 1936 vgl. Sie die instruktive Darstellung bei *Greschat 1987*, 9-21!).

II Die maßgebenden religiösen Bewegungen, von denen Schneider zwischen 1933-1936) berührt war: **Deutsche Christen (DC)**, **Bekennende Kirche (BK)**, **Deutsche Glaubensbewegung (DG)**
Die wesentlichen Merkmale der DC, die Schneider bekämpft hat, und der BK, deren radikalem Flügel er angehörte, können aus den Dokumenten **M 3** und **M 4** ermittelt werden. Zur kirchenpolitischen Einordnung der Dokumente vgl. Sie *Meier 1992*, 22ff!
Die DG, die sich 1935 aus zahlreichen Gruppen als eine einheitliche Kraft formierte und einige öffentliche Bedeutung gewann, wollte das religiöse Rückgrat des nationalsozialistischen Staates sein. Für

die BK war sie ein ebenso wichtiger Gegner wie die DC. Schneider rechnete auch Rosenberg zur DG. Er kommt in einer Predigt auf die Deutschgläubigen zu sprechen (**M 22**) und nennt sie im Zusammenhang des »Sturms Horst Wessel« (**M 6**). Die DG erstrebte eine vom Christentum unabhängige Religion, leitete sie vielmehr aus Werten des Deutschtum ab. Zur allgemeinen Orientierung vgl. Sie das Dokument **M 19** und die Darstellung bei *Meier 1992*, 79ff.

III Die **Konflikte Schneiders** mit der NSDAP und mit nationalsozialistischen Regierungsvertretern (analysiert anhand der Dokumente **M 6 – M 8** und **M 9 – 13**; vgl. Sie oben S. 34ff und S. 47ff)

In der Bearbeitung dieses Themas geht es um die Frage, welcher Art genau das widerständige Verhalten Schneiders war und wie die einzelnen Aktionen zu beurteilen sind. Es wäre günstig, wenn die Konflikte Punkt für Punkt durchgesprochen werden können. Widerlegen oder bekräftigen Sie dabei die These von Aichelin: »*Er agierte zwar nicht politisch im Sinne des ›aktiven Widerstands‹, der in der Verschwörung sein Ziel sah ... Als aber immer deutlicher wurde, wie sehr der Nationalsozialismus auch eine totalitäre, antichristliche Weltanschauung in sich barg, scheute er sich nicht, ... ein Recht auf Widerspruch und Verweigerung geltend zu machen. Er handelte und wirkte dabei politisch, indem er dem NS-Regime seinen Unrechtscharakter vorhielt und ihm seinen Gehorsam aufkündigte. Am deutlichsten kam dies zum Ausdruck, als Paul Schneider der über ihn verhängten Ausweisung nicht Folge leistete. Hierin stand er nicht für die Bekennende Kirche, vielmehr muß sein Verhalten als Ausnahme ... gesehen werden*« (*Aichelin 1994*, 328). Vgl. Sie auch die Einschätzungen Aichelin!

Gegen Aichelin wendet sich Greschat: »*Sicherlich ging es dabei nicht um die Ausweitung des Protestes über den kirchlichen Bereich hinaus in den politischen Raum. Diese Interpretation erscheint mir als eine problematische Modernisierung.*« Vielmehr werde »*deutlich, daß es Schneiders restauratives Leitbild einer christlichen Gesellschaftsordnung war, woran er zäh und unerbittlich festhielt, wodurch der Konflikt eskalierte.*« Schneider wiederhole wie viele andere lediglich »*unter veränderten Bedingungen jenes Glaubenszeugnis der frühen Christenheit, das sie bedingunglos und ohne jede persönliche oder sonstige Rücksichtnahme einer als gottlos erkannten Macht entgegensetzten.*« Greschat sieht hier ein eigenständiges religiöses Phänomen, das »*den Gesetzen politischen Handelns nicht gehorcht*« (*Greschat 1995*, 425f).

Wieder eine andere, gleichsam »mittlere« Position vertritt *Walter Feurich:* »*Der Kampf Paul Schneiders gegen den Faschismus schien, oberflächlich betrachtet, in erster Linie ein solcher in den weltanschaulichen Dimensionen gewesen zu sein. Bei genauerer Prüfung wird man jedoch feststellen müssen, daß der weltanschauliche Vorstoß des Gemeindepfarrers den Nazismus in seiner Totalität meinte, insbesondere im Hinblick auf den Mißbrauch des Christentums für die verbrecherische Politik des Hitlerstaates. Hiermit wird übrigens ein wichtiges Problem des kirchlichen Widerstandes zwischen 1933 und 1945 aktuell, das Problem nämlich des Hineinwachsens der weltanschaulichen Auseinandersetzungen in die Dimensionen des politischen Kampfes*« (*Feurich, 1989, 30*).

IV Schneiders **Stellung zur Obrigkeit** (einschlägiger Text: **M 14**; zur Erhellung der Situation dürfte das Flugblatt der Bekennenden Kirche von 1934 besonders illustrativ sein [**M 5**])

Das Dokument **M 5** belegt, daß die Bekennende Kirche ein ambivalentes Verhältnis zum Nationalsozialismus hatte. Politische Übereinstimmung mit dem nationalsozialistischen Staat und Mitgliedschaft in der Bekennenden Kirche wurde allgemein durchaus nicht als Widerspruch empfunden. Obrigkeit war schließlich von Gott gegebene Obrigkeit, auch Hitler. Man gab dem auch Ausdruck (M 20). Es wäre zu prüfen, ob und inwiefern Schneider über die Obrigkeitsvorstellung der Bekennenden Kirche hinausgegangen ist.

Das Verhältnis der Christen zum Staat ist nach wie vor ein heikles Problem. Diskutieren Sie die heutigen Möglichkeiten! Eine Hilfe dazu könnte die Demokratie-Denkschrift der Evangelischen Kirche sein (*Evangelische Kirche in Deutschland, 1985*).

V Die **theologische Position** Schneiders, ausgehend von zwei Predigten (Dokumente **M 21** und **M 22**)

Wichtig sind dazu die folgenden Gesichtspunkte: Schneider hat keine eigene theologische Position, sondern lebt ganz aus der Übereinstimmung mit der Bekennenden Kirche und mit biblizistischer Tradition. Als Besonderheit geht allerdings aus den Predigten hervor, daß Schneider (wie auch in anderen Dokumenten) auffallend häufig betont, daß der Gehorsam im Glauben in der gegenwärtigen Situation auch in Leiden führen könne. Damit sprach Schneider im Grunde Selbstverständliches aus. Auch Bonhoeffer geht in seiner zeitgenössischen Schrift von der Nachfolge darauf ein. Mit der starken Betonung dieses Gedankens aber setzte Schneider innerhalb der Bekennenden Kirche einen eigenen Akzent. Man könnte fra-

gen, ob Schneider eine Neigung zur Märtyrergesinnung hatte. Prüfen Sie die Texte!
Versuchen Sie weiter, aus den Texten Elemente seines theologischen Denkens zusammenzustellen!
Die Predigten enthalten eine Reihe von irritierenden Aussagen, die man als Anspielungen auf zeitgenössische politische Verhältnisse deuten könnte. Versuchen Sie diese genauer zu bestimmen und einzuschätzen!

Wenn Gelegenheit besteht, sollte auch der Umgang des **Konsistoriums** mit seinem Pfarrer thematisiert werden. Dokumente belegen eindeutig, daß die Kirchenbehörde in Koblenz/Düsseldorf mit der Gestapo, der Partei und nationalsozialistischen Regierungsstellen zusammengearbeitet hat, um Schneider loszuwerden. Diese Kollaboration gehört mit zu den schwärzesten Kapiteln der neueren protestantischen Kirchengeschichte. Wentorf hat die einschlägigen Schriftstücke unter der Überschrift »Ein diabolisches Zusammenspiel« zusammengestellt (*Wentorf 1989*, 208ff). Das Konsistorium war dabei sogar noch besonders beflissen und initiativ. »Die Männer, die das Konsistorium leiteten, scheuten sich nicht davor, Pfarrer der Gestapo und dem KZ, und das hieß im Zweifelsfall dem Tode, auszuliefern« (*Aichelin 1994*, 277f).
Nun haben zwar die Kirchen 1945 in Stuttgart ihre Mitschuld an dem Desaster des Dritten Reiches bekannt (**M 23**). Aber im Hinblick auf die ungeheuerliche Behandlung Schneiders und anderer Pfarrer von kirchenamtlicher Seite wäre zu fragen, ob man in der rheinischen Kirche nicht zu einer ganz anderen Erklärung hätte kommen müssen. Prüfen Sie das Stuttgarter Dokument!
Aber auch das Verhältnis Schneiders zur Bekennenden Kirche war nicht frei von Spannungen. In der für ihn existentiellen Frage, ob er nach seiner Ausweisung nach Dickenschied zurückkehren solle, erwartete er eine klare Weisung seiner Kirchenleitung, die aber verweigert wurde. Hans-Joachim Beckmann schrieb vielmehr für die Bekennende Kirche an Schneider: »*Es ist ihr [der Synode; F.R.] zur Zeit nicht gegeben, den betroffenen Predigern und Gemeinden eine allgemeingültige bindende Weisung für ihr Verhalten zu geben, weil trotz der großen Zahl gleich und ähnlich gelagerter Vorgänge nicht allgemein gesagt werden kann, wo im einzelnen der Punkt erreicht ist, an dem das Wort in Kraft tritt: ›Man muß Gott mehr gehorchen als den Menschen.‹ Diese Entscheidung zu vollziehen, vermögen wir dem einzelnen Gewissen nicht abzunehmen ... Ebenso klar ist uns aber auch, daß es sich bei dem Ja Ihrer Entscheidung nicht um das Befolgen einer kirchenregimentlichen Anweisung handeln kann, sondern nur um die Gewißheit des Gehorsams gegenüber dem Befehl des Herrn selbst.*

Darum kann hier weder etwas befohlen noch etwas verboten werden«
(Wentorf 1989, 175f).
Man muß sich klar machen: In der hier angesprochenen Problematik
geht es um Leben und Tod! Hätte die Bekennende Kirche ihren bereits
politisch stark angeschlagenen Pfarrer nicht daran hindern müssen,
nach Dickenschied zurückzukehren?

(3) Projekt I: Buchenwald.
In Verbindung etwa mit einem Gemeindeseminar über Schneider
könnte der Wunsch entstehen, sich näher mit den Verhältnissen im
Konzentrationslager Buchenwald zu beschäftigen und dieses auch zu
besuchen. Als vorbereitende Literatur empfehlen sich der Buchenwaldreport *(Hackett 1996)*, der Klassiker über das »System der Konzentrationslager« *(Kogon 1974)* sowie A. Roth, Unter den Augen der
SS. Ein Besuch in Buchenwald wäre auch insofern interessant, weil
hier zwei Formen des Gedenkens aufeinanderstoßen: Die Gestaltung
durch die ehemalige DDR und die Überarbeitung dieses Konzepts
nach der Wende durch die Bundesrepublik Deutschland. Anschriften,
Materialien und Informationen lassen sich in über das Internet ermitteln. Aufschlußreich ist für die Situation in Buchenwald der Roman
und Bestseller von *Apitz*, Nackt unter Wölfen. Er empfiehlt sich aber
eher für die individuelle Lektüre.

(4) Projekt II: Ken Saro-Wiwa
Menschen zu erinnern, die unter autoritären Bedingungen widerspro-
chen und widerstanden haben, ist wichtig, weil sie lebensnotwendige
Sinnbilder für Freiheit und für demokratische, sozial gerechte und humane gesellschaftliche Verhältnisse sind. Inmitten autoritärer Regime stehen sie für eine andere Wirklichkeit, die sie erdenken und erkämpfen und
für die sie – wie Schneider – gegebenenfalls mit dem Leben einzustehen
bereit sind. In beispielhafter Weise haben sie Verantwortung übernommen, die uns zum Handeln heute in einer Welt anregen kann, in der es
weltweit um die Würde und Freiheit jedes einzelnen Menschen, um die
Freiheit der Überzeugungen, um die Entfaltung der Persönlichkeit, um
Frieden, soziale Gerechtigkeit und um die Bewahrung der Erde geht.
In der Geschichte der Veränderung auf mehr Menschlichkeit hin wird
auch der nigerianische Kämpfer für Menschenrechte, der Bürgerrechtler und Unternehmer, der Fernsehautor und Schriftsteller *Ken
Saro-Wiwa* einen wichtigen Platz einnehmen (vgl. **M 17**).
Es wäre sicher lohnend, mehr über ihn in Erfahrung zu bringen, über
ihn vielleicht sogar ein kleines Portrait zu erstellen. Dabei könnte auch
sein schriftstellerisches Werk einbezogen werden. Zwei seiner Bücher
liegen inzwischen (1997) in deutscher Sprache vor: »Sozaboy« (Solda-
tenjunge; Roman von 1985 über den Biafrakrieg) und »Die Sterne dort
unten«. Weiteres Material über die politische Situation in Nigeria,

über das Ogoni-Volk und über Ken Saro-Wiwa könnte über das Internet zum Stichwort »Ken Saro Wiwa« abgerufen werden. Über seine letzte Zeit im Gefängnis hat er noch selber berichtet (*Saro Wiwa 1996*). Ziel des Projektes sollte es sein, Schneider und Saro Wiwa im Vergleich gegenüberzustellen, um Möglichkeiten, Grenzen und Notwendigkeiten widerstehenden Verhaltens heute genauer herauszuarbeiten.

(5) Projekt III: Christen im Widerspruch

Menschen, die aus ihrem Glauben heraus widerstanden und für ihr Engagement das Leben aufs Spiel gesetzt haben, sind häufig vergessen. Deshalb ist es sinnvoll, sie gesondert herauszustellen und im Zusammenhang mit Schneider in Erinnerung zu bringen. Der Lernprozeß könnte intensiviert werden, wenn man in Weiterführung der Arbeit an Schneider noch andere Gestalten der neueren Zeitgeschichte einbeziehen und ein Projekt über »Christen im Widerstand« entwickeln würde. Dabei könnte die Aufmerksamkeit auf folgende Personen gerichtet werden:

Camilo Torres (*Guzman 1970*); **Martin Luther King** (*Zitelmann 1985*); **Michael Lerpscher** (*Mader/Knab 1987*)**; Georg Maus** (*Loscher/Hahn 1987*)

Die Auswahl ist so getroffen, daß möglichst unterschiedliche Situationen von Widerstand/Widerstehen zur Geltung kommen und ein Vergleich anregend ist, besonders auch in den sehr unterschiedlichen christlichen Motivationen. Es sind insbesondere Menschen berücksichtigt worden, die bisher in die Arbeit in Schule und Gemeinde noch kaum einbezogen worden sind. Zu jeder Gestalt ist jeweils ein einschlägiges, allgemein verständliches Werk genannt, das sich für einen ersten Zugang eignet. Die Personen könnten etwa in einem Gemeindeseminar im Umfang von fünf (einschließlich Schneider) Abenden vorgestellt werden.

Für den Religionsunterricht in der Sekundarstufe könnte sich ein Kurs »Christen im Widerstand 1933-1945« anbieten. Neben den schon genannten Personen könnten dann in Auswahl weiter berücksichtigt werden: Rupert Mayer, Alfred Delp, Hermann Stöhr, Franz Jägerstetter, Sophie und Hans Scholl oder Dietrich Bonhoeffer. Sehr eindrucksvolles Material kann einem Buch entnommen werden, in dem Abschiedsbriefe von Menschen zusammengetragen worden sind, die wegen oppositionellen Verhaltens zum Tode vorurteilt und hingerichtet worden sind (*Gollwitzer 1964*). Sie sind für die didaktische Arbeit besonders geeignet, weil sich unter ihnen auch Dokumente von Jugendlichen finden.

Weiter soll auf eine besonders eindrückliche Möglichkeit, Menschen im Widerspruch des Dritten Reiches kennenzulernen, hingewiesen werden. Im Jahre 1988 hatte der Bund der Deutschen Katholischen Jugend in einem Wettbewerb dazu aufgerufen, in den jeweiligen Regionen Spuren jener Christen aufzudecken und zu sichern, die sich den braunen Machthabern widersetzt haben. Die Ergebnisse sind dokumentiert in Bericht, Ausstellung, Hörfunkreportage und Film (*Neupert 1989*). Sie regen dazu an, Ähnliches zu versuchen.

Ein ganz eigenes und in religiondidaktischer Hinsicht überhaupt noch nicht beachtetes Thema ist die Rolle von Frauen im Kirchenkampf. Unter dem Titel »*Verschwiegener Widerstand. Evangelische Frauen in der NS-Zeit*« hat der WDR kürzlich eine Sendung von 30 Minuten produziert, die sich für den Religionsunterricht in den Sekundarstufen und in der Bildungsarbeit in der Gemeinde sehr gut eignet (vgl. dazu *Schoenborn 1997*; dort auch weitere Literatur).

6.2   Dokumente M 19 – M 23

M 19
Deutschgläubige Jugendunterweisung (1933)

Wieder einmal wandern wir hinaus aus dem Getümmel, dem Hasten und Treiben der Großstadt hinauf zu den eichenbewaldeten Höhen. Sonnenstrahlen fluten vom Himmel auf die Erde herab. Unser Blick schweift in die Ferne. Wir sind stille geworden, und jeder hängt seinen eigenen Gedanken nach. Ein jedes fühlt die erhabene Allmacht der Schöpferkräfte Gottes: wir sind eins mit ihm. Gott ist in uns, er wirkt durch uns. Wir sind Teil des Ganzen. Ein notwendiges Glied. Alles, was wir erleben, ist Gott. Eine jede Lebenserscheinung, die uns entgegentritt, ist göttliches, notwendiges Wirken. Kunst und Wissenschaft sind Ausdruck der göttlichen Kräfte im Menschen, sind Ausdruck des ewig kraftvollen Willens des zum Lichte strebenden Menschen. Steht unser Leben und unsere Weltanschauung im Einklang mit den Naturwissenschaften, so erkennen wir alles als eine Einheit. Unser Leben ist niemals etwas Fertiges, immer drängt es nach weiterer Gestaltung und Besserwerdung, nach Selbstschöpfung aus dem Urquell des Volksgutes für die Zukunft. Wer nicht mehr für die Zukunft glaubt und schafft, der glaubt auch nicht mehr an sich selbst und seine Aufgabe als Deutscher und Mensch.

Auf unserem Volke liegt heute ein schwerer Alp. Die satanischen Mächte des Fremdgeistes treiben ihr Unwesen und reißen aus der deutschen Volksseele das arteigene und urdeutsche Wissen und Schauen von Welt und Leben heraus. Der klare Blick für das Ganze geht damit verloren, und so steht der heutige Mensch als erratischer Block abseits von der Einheit des gesamten Weltalls. Der heilige Quell in seiner Seele ist mit Steinen fremdländischen Geistes verschüttet. Gott sei Dank nur verschüttet; denn den heiligen Quell zum Versiegen zu bringen, das können die Fremdmächte doch nicht. Sie können ihn nur mit Steinen beladen, an uns liegt es, diese Steine wegzutragen!

Und die Kinder, deren Gärtner wir sind? Ihnen wird die Kraftquelle lebendiger Weisheit der Vorfahren oft falsch übermittelt oder gar verborgen gehalten! Als Erzieher müssen wir dahin wirken, das heilige Gut des Volkes, die reine Gottesoffenbarung, wie sie sich äußert in der Deutschen Musik, Kunst, Welt- und Lebensanschauung, im Märchen, in der Sage, in der Dichtung und so weiter, dem Kinde wieder näher zu bringen, ihm als frisches Wasser vom heiligen Quell reichen, damit auch in ihm der Ahnen Kräfte wieder aufwachen und den köstlichen Reichtum des Volkes lieben, verteidigen und mehren lernen.

Das Ziel ist: Wir wollen das Kind hinleiten zur Deutschen, aus dem Blute geborenen Gottschauung. ...

Eine Gottschauung läßt sich nicht in Formeln setzen, es sei denn, daß Gott tot sei. Aber Gott ist Alles, und Alles ist lebendig: denn es gibt keinen Tod. ...

Horchen wir in das Kind hinein, so werden wir erkennen, daß bei alledem im Kinde eine Saite angeregt wird, die weiterhin erklingen will. Wir haben die Aufgabe, diese Saite zum herrlichen Spiel zu bringen, zum Einklang mit dem All, in diese sonnigen Kinderherzen den Samen Deutschen Wesens und Erkennens durch Vermittlung Deutschen Volksgutes zu legen. ...

Mit durchschlagendem Willen müssen wir zu Werke gehen, das Deutsche verschüttete Geistesgut zu heben und in seiner Urwüchsigkeit der Jugend und dem Volke zu übermitteln, damit in den Deutschen Menschen »das göttliche Urbild« geweckt wird, zum Heile eines Neuen Deutschland. Wetterfesten Bäumen gleich müssen wir werden, die kein Sturm des Fremdgeistes mehr entwurzeln kann!«

Quelle: Die völkische Schule. Blätter für völkische Erziehung 11 (1933) 31-33 (Verfasser: F.B.)

M 20

Zum 50. Geburtstag des Führers (1939)

Das Gebet für die Obrigkeit ist eine Glaubenspflicht des Christen. Es gewinnt in geschichtlich erfüllten Stunden eine besondere Tiefe: auch der Christ läßt sich in seinem Gebet ergreifen durch den Gang des Schicksals, zu dessen Vollstreckern in der Welt Gott die Gestalten göttlicher Größe sendet. Es ist heute dem Letzten offenbar geworden, daß die Gestalt des Führers, mächtig sich durchkämpfend durch alte Welten, Neues mit innerem Auge schauend und seine Verwirklichung erzwingend, auf den wenigen Seiten der Weltgeschichte genannt ist, die den Anfängern einer neuen Zeit vorbehalten sind. Die deutsche Sendung in der Völkerwelt ist von einer mächtigen und festen Hand neu in die Waagschale der Geschichte geworfen worden. Alte Vorstellungen über unveränderliche Gleichgewichte schwinden dahin, und auch die Menschen der Kirche sind zur Überprüfung bisheriger Gedanken und Meinungen aufgefordert. Die Gestalt des Führers hat auch für die Kirche eine neue Verpflichtung heraufgeführt. Der Christ, der das Walten der Vorsehung und den Schritt des Allmächtigen ehrfürchtig in den Wandlungen der Weltzeit spürt, vernimmt den Aufruf, in Alltag und Sonntag treuer zu glauben, inniger zu lieben, stärker zu hoffen, fester zu bekennen: so allein kann sich zeigen, was an dem christlichen Glauben echt ist. Wir bitten Gott, den Führer zu segnen. Möge er ihn mit seinem Geiste leiten, ihn mit der Kraft seines Willen erfüllen und allem guten Beginnen sein göttliches Gelingen schenken, wie es das Gebet sagt: »Ewiger Gott, Herr der Völker, sieh in Gnaden auf unser Volk, seinen Führer und seine Glieder. Erhalte uns in deiner Kraft und in deinen Geboten und bekenne dich mit deinem Segen zu deinen ewigen Ordnungen auch unter uns. Durch Jesum Christum, unsern Herrn. Amen.«

Quelle: Junge Kirche. Halbmonatsschrift für reformatorisches Christentum 7 (1939), Titelblatt des 8. Heftes vom 22. April 1939

M 21

Predigt Schneiders am 28. Januar 1934

Predigttext: Matthäus 8, 23-31 oder die Paralleltexte Markus 4,35-41 bzw. Lukas 8,22-25

Die Sturmfahrt Christi und Jesu Herrlichkeit

Liebe Gemeinde! Es ist wohl mittlerweile keinem denkenden und aufmerksamen Christenmenschen entgangen, daß wir in unserer evangelischen Kirche zum Kampf, zum Zeugnis, zum Bekenntnis gefordert sind, daß wir nicht einfach Früchte genießen können, die uns andere gepflückt haben. Vielmehr mit der Kirche Christi, mit der wahren evangelischen Kirche haben wir zu ringen um die Seele unseres Volkes. Zwar viele schlafen noch, haben die Stunde des Aufstehens noch nicht erkannt und meinen, wo alles um uns anders geworden ist, müßte es ausgerechnet in der Kirche beim alten bleiben, oder sie wollen sich gar mit der Kirche ganz der politischen Macht unterwerfen und nach politischen Gesichtspunkten das Leben der Kirche gestalten, wie es die Praxis der »Deutschen Christen« ist.

Diese Praxis müssen sie freilich mit der Irrlehre unterbauen, daß nicht das Evangelium, die frohe Botschaft von Jesus Christus, dem Sünderheiland, und dem Reiche Gottes allein, sondern das Volkstum und Evangelium die Kirche seien. Indem sie Blut und Rasse und Geschichte des Volkes als Offenbarungsquellen neben Gottes Wort stellen, neben im Wort der Schrift allein uns offenbaren Willen, neben Jesus als den alleinigen Mittler zwischen Gott und den Menschen, fallen sie in Wahrheit ab von dem lebendigen Gott und seinem Christus. Darüber ist in unserer Kirche heiß der Kampf entbrannt, und es kann nicht Friede werden, bis die Verräter der reinen Lehre und [die,] die als Wölfe in den Schafstall eingedrungen sind, wieder ihre Bischofsstühle und Vertretersitze geräumt haben oder aber die Bekenntnischristen diese verfälschte Kirche Christi verlassen haben. [Erläuternde Randbemerkung von der Hand Paul Schneiders: Gemeint mit Hilfe politischer Macht und Methoden.] Aber jene sind noch an der Macht und möchten die anderen, die ihnen widerstehen, mundtot machen oder gar mit Hilfe der politischen Macht durch Verdächtigungen als Reaktionäre und Vaterlandsfeinde, die sie nicht sind, unschädlich machen. Das Schifflein der Kirche Christi fährt im Sturm.

Das alles ist nicht von ungefähr, nicht erst seit gestern, nicht ohne unsere Schuld so gekommen. Unordnung und Zuchtlosigkeit durften sich breitmachen in der evangelischen Kirche seit langem. Kein Zaun grenzte das Heilige ab gegen die Unheiligen, die ernstlich nichts von Gottes Wort wissen wollten und nicht Gott gehören wollten. [Anm. von Paul Schneider: Gedacht ist dabei besonders an die Abendmahlssitte in unserer Gemeinde als Dorfsitte.] Wir duldeten unter uns die Lehre Bileams, den Liberalismus, der die Güte und Freiheit des Menschen pries, das Erlösungswerk des Heilandes, die Ehre Gottes verkleinerte und den Ernst der Ewigkeit in blauen Dunst auflöste [Nachwirkungen liberaler Verkündigung in Hochelheim sehr spürbar]. Wir hassen nicht genug die Werke der Nikolaiten, vor denen die Sendschreiben der Offenbarung warnen, der Sittlich-Leichtfertigen, der Geizigen, der Ehrlosen, der Sonntagsverächter und hatten Abendmahlsgemeinschaft mit den offenbaren und unbußfertigen Sündern. Wir versteigern die Sündenvergebung, das hohe Heilsgut der Kirche Christi, wie eine Massenware, die jeder für einen Groschen haben konnte. [Anm. von Paul Schneider: Beichtpraxis bei unsern allgemeinen Abendmahlsfeiern.] Und nun ist die Sturmflut über unsere Kirche gekommen, und ihr Schifflein ist mit verderblichen Wellen überdeckt, und wir haben Not, es wieder auszuschöpfen.

Die Kirche Christi fährt dahin auf dem Ozean des Völkerlebens, unsere deutsche evangelische Kirche auf dem Wasser unseres deutschen Volkslebens. Mit Dank gegen Gott haben wir evangelischen Christen hingenommen, was uns gesund erschien in der Schicksalswende unseres Volkes, den Willen zur politischen Einigkeit, zur nationalen Ehre, zur sozialen Volksgemeinschaft, in der auch der ärmste und geringste Sohn des Volkes geliebt und geehrt wird, und haben uns freudig eingereiht in die dahin zielenden Festtage und Maßnahmen. Aber wir können unsere Augen nicht verschließen vor den hoch sich türmenden Wellen, die wir heranrollen sehen auf dieses unser Volk auch im dritten Reich. Was sich in der »Deutschen Glaubensbewegung« unter Führung einflußreicher nationalsozialistischer Männer zusammentut, unter ihnen auch Rosenberg, der Schriftleiter des »Völkischen Beobachters«, ist nacktes Heidentum, mit dem es vom Standpunkt des christlichen Glaubens keine Verständigung geben kann. Wir können und wollen es nicht glauben, was die große rheinisch-westfälische Zeitung schreibt, daß die Gedanken des Rosenberg'schen Buches »Der Mythus des 20. Jahrhunderts« die Weltanschauung des nationalsozialistischen Deutschlands sein oder werden soll. Sagen wir nicht: Das geht uns nichts an, die deutsche Glaubensbewegung tritt auf mit dem Anspruch, die Religion aller Deutschen zu sein. Wir sagen es auch offen, daß wir uns als evangelische Christen nicht mit allen Äußerungen und Reden mancher führender Männer des neuen Deutschland einverstanden erklären können. Uns schiert nicht der Vorwurf des Muckertums, wir fragen auch nicht nach ›Moral und Moralin‹, aber wir haben Gottes klares Gebot wider Hurerei und Ehebruch, das uns Luther in unserm Kleinen Katechismus auslegt: »Wir sollen keusch und züchtig leben in Worten und Werken.« Damit verträgt sich nur eine wahrhafte und zuchtvolle Haltung, wie sie uns die Schrift zeigt, die der Frau größere Ehre gibt und die sich nicht verträgt mit den Freiheiten, die nun auch Herr Dr. Goebbels der deutschen Frau zubilligen will. [Anm.: Prüfe Stabschef Röhm in seinem Muckererlaß.] Wir kennen eine Freude, die auf tiefstem Grunde liegt und die Hunderten und Tausenden gläubiger Christen die Kraft gab zum Opfer für das Vaterland. Faschingstreiben ist evangelischer Christenheit eine fremde Sache, sie will damit nichts zu tun haben nach dem Wort der Schrift: »Narreteiding und Scherze lasset nicht von euch gesagt werden.« Unser Glaube ist die größte Freude.

Wir möchten als evangelische Eltern auch unsere Kinder ganz eindeutig in unserm evangelischen Glauben erzogen und gelehrt wissen und möchten sie unbehelligt wissen mit völkisch-religiösem Geist. [Anm.: In Notbundkreisen geht das Gerücht, daß das Rosenberg'sche Buch in Schulbüchereien zur Anschaffung empfohlen werde.] – Wir möchten, daß der Sonntag der Tag der Kirche sei und insbesondere die Sonntagsvormittage auch für unsere Jugend ganz dem gottesdienstlichen Leben vorbehalten bleiben. – Wir möchten, daß der Staat auf seinem politischen Gebiete bleibt und nicht hinübergreift auf das Gebiet des Glaubens und der davon bestimmten Weltanschauung. Wir möchten, daß der Staat demütig genug sei, auch hören zu können auf Gottes Wort, das durch den Dienst der Kirche zu ihm kommt. Wir berufen uns auf Hitlers Wort, daß er die Kräfte des Christentums zum Aufbau des Volkslebens brauche. Wir sind dazu bereit, aber in der Freiheit, die allein Gott gehorcht.

Nun bist du gefordert zum Bekenntnis und zum Zeugnis, liebe evangelische Kirche, lieber evangelischer Christ. Nun sei kein stummer Hund, denn der Heiland sagt: »Nur der, der mich bekennt vor den Menschen, den will ich auch bekennen vor meinem himmlischen Vater.« Nun bist du umdroht, du Christ in deiner Kirche, von den Wellen, die sich von der Kirche her, von Volk und Staat her wider dich erheben. Und uns ist bange, und wir fürchten uns. Es geht uns wie den lieben Jüngern auf dem Meere. Wir rufen: »Herr, hilf uns, wir verderben.«

Wir sehen nicht, wie das arme schutzlose Schifflein der Kirche unter den Mächten und Gewalten der Welt erhalten werden soll. Doch da erinnern wir uns, daß in diesem Schiff der Kirche der Herr bei uns ist, daß diese Kirche die Verheißung hat, ob auch ein Rosenberg schreibt vom Mythus des 20. Jahrhunderts, die Verheißung: »Die Pforten der Hölle, des Todes sollen sie nicht überwältigen« Und es scheint nur so, als ob unser Herr schlafe und sich nicht um unsere Not kümmere. Bald wird er auf sein, denn die Stürme kommen nur über seine Kirche und über das Leben des Christenmenschen, damit SEINE Herrlichkeit offenbar werde, damit sein starker und mächtiger Arm uns sichtbar werde und auch die Welt staunend bekennen muß: »Was ist das für ein Mann, dem Wind und Meer gehorsam sind«, der also das Schifflein seiner Kirche sicher hindurchlenkt durch das Wellengetöse der Völkerwelt. Wir aber müssen uns schämen ob unseres Kleinglaubens und Unglaubens, ob unserer Menschenfurcht und Weltangst. Oder sollte der, der selber die Welt am Kreuz überwunden hat, uns nicht tröstend beistehen? Sollte der Herr, der selber seine Kirche auf Erden gegründet hat, sie auch in einem Augenblick verlassen und versäumen? O, laß uns doch absagen aller Mattigkeit, aller feigen, trägen Furcht! Der Herr tritt zu dir in das Schiff, das Meer wird still, und du darfst ruhig und sicher sein.

So ist es mit allen Stürmen, die dich Christen treffen, die du um Jesu willen und weil du ihm willst nachfolgen, leiden mußt. Da sollst du es wissen: »Er, der Herr, ist bei mir, er läßt sich aufwecken. Wenn der Wellen Macht in der trüben Nacht will des Herzens Schifflein decken, wollst du deine Hand ausstrecken. Habe auf mich acht, Hüter in der

Nacht!« Wo ist der Sturm? Ach, er ist ja weniger um dich als in dir, in deinem Herzen.

Da, in deinem Herzen siehst du wie Petrus die Windsbraut daherkommen, fürchtest dich und fängst an zu sinken. Und auch dann noch reicht dir der Herr die rettende Hand und hält dich fest, um deinen schwachen Glauben zu stärken. Was aber ist es, was du allein tun mußt, um Jesu Herrlichkeit im Sturm, im Sturm um die Kirche, im Sturm um dein Christenleben zu erleben? Glauben sollst du, vertrauen und dich verlassen auf die Wundermacht des Herrn, an den du glauben willst. Oder aber du glaubst nicht, dann aber sage auch nicht, daß du ein Christ bist, dann bist du nur ein Namen-, ein Kopf- oder Heuchelchrist. »Der Glaube ist das Stehfest des Herzens«, sagt Luther. Wer nicht aus dem Glauben heraus leben und seinen Herrn bekennen will, der wird untergehn, seine Seele verlieren, ob er auch die ganze Welt gewönne, wird er mit der glaubenslosen Welt verdammt werden. »Ich will mich lieber zu Tode glauben« als mit der Welt das feige, feine Leben dieser Erde haben. Denn das ist ja nicht gesagt, daß Gott uns unter allen Umständen hier das arme bißchen Erdenleben fristen und keinen Schaden an Geld, Gut, Ehre, Leib und Leben, Weib und Kind zustoßen lasse. Vielmehr müssen solche Trübsale zu Zeiten über die Christen kommen; aber das Schifflein seiner Kirche bringt der Herr durch das Wogengebraus des Völkergeschehens, das sich legen muß, wenn er gebietet. Den Sturm in deinem Herzen macht er ganz stille nach dem Lied, das ihr Frauen so gerne singt: »Weiß ich den Weg auch nicht, du weißt ihn wohl. Das macht die Seele still und friedevoll.« »Du weißt, woher der Wind so stürmisch weht, und du gebietest ihm, kommst nie zu spät. Drum wart ich still, dein Wort ist ohne Trug; du weißt den Weg für mich, das ist genug.« Mit dem Frieden dieses Liedes im Herzen konnten die baltischen Märtyrer getrost und fröhlich in den Tod gehen. Der Herr führt das Schifflein seiner Kirche, das Schifflein deines Christenlebens keinem zeitlichen, er führt es einem ewigen Ziele zu. Das ist unsere große Hoffnung, unsere Freude. Wollen wir uns nicht enger zusammendrängen im Schiff der Kirche Christi, noch enger als hier auf diesen Bänken in Glaubensverbundenheit der Herzen? Wollen wir uns nicht freuen, daß dieses Schiff uns gegeben ist? Sieh, es ist keine Geschichte nur von einst, unser Evangelium, es ist eine Geschichte von heute, von dem lebendigen Herrn und seiner Kirche, so wie ihr es von früher her schon im Dorfe singt in einem Liede: »O Kirche Christi, edles Schiff, wie herrlich ist dein Lauf, wohl droht im Sturm dir manches Riff, wohl zischt manch Welle auf. Doch Gott mit dir, sei nun getrost, der Herr führt dich ans Ziel. Wie sehr das Meer auch wogt und tobt, wenn er gebeut, steht's still!« – »O Jesu, hör auf unser Fleh'n, zerstäub der Feinde Rott, laß alle Welt es einmal seh'n, mit uns ist unser Gott. Führ deine Kinder immerdar dem

sichern Hafen zu und laß vereint der Deinen Schar sich freu'n in sel-
ger Ruh'!« Amen!

Quelle: *Wentorf 1989, 95-98*

M 22
Die letzte Predigt Schneiders am 3. Oktober 1937

Auszüge

Predigttext: Psalm 145, 15-21

Liebe Gemeinde!
Erntedankfest auch in diesem Jahr der Kirchennot! Es war uns in der
Kirche, im Dorf und auch in der Stadt immer ein besonders freudiges
Fest, über den Früchten des Feldes als dem äußerlich sichtbaren Segen,
den Gott auf unsere Arbeit gelegt hat, womit er uns Scheuern und
Keller wieder gefüllt hat, Gott zu danken. Das ist dieses Jahr nicht an-
ders, und so wollen wir uns die Freude und den Dank auch dieses Jahr
nicht rauben, nicht ersticken lassen durch die Stürme der Not, die über
unsere teure evangelische Kirche dahinbrausen. Auch heute wollen
wir mit dem Psalmsänger froh werden des Gebens und des Walten
Gottes über seinen Gaben, die er uns aufs neue gegeben hat. ...
Auch ein Belsazar, ein gottloser, stolzer Weltherrscher in Babylon, der
sich über Gott erhebt und stolz und trotzig spricht: »Dies ist die große
Babel, die ich selbst erbaut habe durch meine Macht, zu Ehren meiner
Herrlichkeit«, hat diese Macht doch nur von Gott geliehen bekommen, wie er auch bald mit Schrecken erkennen muß. Auch alle, die
Gott nicht über seinen Gaben danken, empfangen sie doch von dem,
der seine Sonne aufgehen läßt in seiner reichen Güte über die Bösen
und über die Guten und regnen läßt über Gerechte und Ungerechte.
Aber viel reicher noch ist Gottes Geben. Auf die Gaben seiner Hand
aus unseren Feldern und Äckern legt er sein segnendes Wort, so wie
es die Früchte auf dem Altar unserer Kirche andeuten. Mit unserer
Kirche ruft er uns hinein in sein Haus zum Gottesdienst, daß wir ihn,
den Geber, mit Gebet und Flehen darüber anrufen. Unter seinem heiligen, segnenden Wort soll uns der Segen seiner Gaben erst aufge-
schlossen werden. Hier sollen und dürfen wir erkennen, daß Gott uns
als Vater unseres Herrn Jesus Christus, und durch ihn auch unser Vater, alles gibt. Hier lernen wir, daß Gott die Welt noch unter seinen
gnädigen Erhaltungsordnungen hält, nicht wegen unserer Tüchtigkeit
und Würdigkeit, sondern weil das Blut seines lieben Sohnes vom

Kreuz von Golgatha für uns um Barmherzigkeit zum Vater gen Himmel schreit. Hier ruft uns Gott mit allen anderen Gaben seiner Hand zur Gabe aller Gaben, zu Jesus Christus. Hier gibt Jesus Christus selbst sich uns als Brot der Seele zum ewigen Leben. …

Heilig und gerecht sind Gottes Wege auch mit der Gabe seines Wortes. Laßt uns das bei diesem Erntedankfest nicht vergessen und wohl bedenken! Schlimmer als Teuerung des Brotes ist für ein Volk die Teuerung des Wortes Gottes. Daß wir solche Zeit der Teuerung des Wortes Gottes im deutschen Volk befürchten müssen, da schon viele evangelische Pfarrer, die lauter und rein und ohne Scheu vor dem Mißfallen der öffentlichen Gewalten Gottes Wort und Willen verkündigten, Gefangenschaft und Verfolgung erleiden, das will uns die Freude und den Dank dieses Erntedankfestes dämpfen. Es gab auch in Israel Zeiten, von denen es heißt, daß Gottes Wort teuer war im Lande. Zu Elias Zeiten war außer ihm kein Prophet Gottes im Lande, weil die gottlose Königin Isebel und ihr ebenso gottloser Gemahl Ahab die Propheten des Herrn ausgerottet hatten im Lande. Solche Zeiten waren keine gesegneten und guten für Israel. Sie brachten mit sich gottloses Regiment, Kriegsnöte, Armut und Teuerung. Es ist aber der Menschen und der Völker Schuld, wenn solche teure Zeit des Wortes Gottes kommt. Auch wir haben diese Zeit der Kirchennot in Deutschland wohl verdient mit unserer Gleichgültigkeit und Verachtung des göttlichen Wortes. Aber wehe uns, wenn wir nicht mehr die Säe- und Erntearbeit treiben dürfen am göttlichen Wort mit Alten und Jungen in unsern Dörfern und Gemeinden! Was hülfe es dem Menschen, wenn er die ganze Welt gewönne und nähme doch Schaden an seiner Seele! Darum, o Land, Land, Land, höre des Herrn Wort! …

Wir sollen es heute wissen, daß das Bekenntnis zu Jesus uns etwas kostet, daß wir um seinetwillen in mancherlei Not und Gefahr, in Schmach und Verfolgung kommen müssen. Wohl dem, der dieser Not nicht ausweicht! Er darf es dann auch erfahren, daß Gott ein Nothelfer ist und sich als solcher finden läßt. Er darf es erfahren, was Gott den Gottesfürchtigen verheißt: Noch ehe sie rufen, will ich sie hören; noch ehe sie schreien, will ich ihnen antworten. Er darf sich dessen trösten mitten in der Not: »Wer unter dem Schirm des Höchsten sitzt und unter dem Schatten des Allmächtigen bleibt, der spricht zu dem Herrn: Meine Zuversicht und meine Burg, mein Gott, auf den ich hoffe!« …

Es fehlte aber etwas an der Heiligkeit und Gerechtigkeit des Waltens Gottes, wenn seine Wege nicht auch Gerichtswege wären für alle Gottlosen. Als Belsazar, der babylonische Weltherrscher, in seinem gottlosen, stolzen und verschwenderischen Mißbrauch der Gaben Gottes ausgereift war, als er aus den heiligen Geräten des Tempels gotteslästerlich soff mit seinen Großen und ihren Weibern und Kebsweibern, als ihm nun Gottes Flammenschrift an der getünchten Wand des Königssaales erschien und er auch jetzt nur mehr erschrak, statt sich zu bekehren, da war sein Gericht gekommen: »... und ward Belsazar in derselbigen Nacht von seinen Knechten umgebracht.« Wie über den reichen Kornbauern im Gleichnis, so steht über jedem Bauern, der über dem Bauen und Füllen seiner Scheunen das Bauen des Reiches Gottes versäumt, die Gerichtsstunde: »Du Narr, heute wird man deine Seele von dir fordern!«

Wehe den Verführern, welche die Leute, ein Volk, seine Jugend verführen, abzufallen von dem lebendigen Gott und seinem Wort, das allein die Seele satt macht zum ewigen Leben! Wehe auch denen, die sich verführen lassen, Eltern und Kinder, weil ihnen die irdische Not wichtiger ist als das ewige, göttliche Himmelsbrot! Wehe einem ganzen Geschlecht, von dem nichts weiter mehr zu sagen ist als von dem Geschlecht zu Noahs Zeit: Sie aßen, sie tranken, sie freiten und ließen sich freien! Über ihm steht nur noch die Gerichtsmacht Gottes in seinem letzten ewigen Gericht. Wer Ohren hat zu hören, der höre! Du gleichgültiger und sicherer und selbstgerechter Sünder, mache dich auf und suche deinen Heiland! ...

Amen!

Quelle: *Wentorf 1989*, 183-187

M 23
Die Stuttgarter Schulderklärung vom 9. Oktober 1945

Der Rat der Evangelischen Kirche begrüßt bei einer Sitzung Oktober 1945 Vertreter des ökumenischen Rates der Kirchen und erklärte:

Wir sind für diesen Besuch um so dankbarer, als wir uns mit unserem Volke nicht nur in einer großen Gemeinschaft der Leiden wissen, sondern auch in einer Solidarität der Schuld. Mit großem Schmerz sagen wir: Durch uns ist unendliches Leid über viele Völker und Länder gebracht worden. Was wir unseren Gemeinden oft bezeugt haben, das sprechen wir jetzt im Namen der ganzen Kirche aus: Wohl haben wir lange Jahre hindurch im Namen Jesu Christi gegen den Geist gekämpft, der im nationalsozialistischen Gewaltregiment seinen furchtbaren Ausdruck gefunden hat; aber wir klagen uns an, daß wir nicht mutiger bekannt, nicht treuer gebetet, nicht fröhlicher geglaubt und nicht brennender geliebt haben.

Nun soll in unseren Kirchen ein neuer Anfang gemacht werden. ...

Quelle: *Krumwiede 1980*, 163

7 Literatur

Aichelin, Albrecht: Paul Schneider. Ein radikales Glaubenszeugnis gegen die Gewaltherrschaft des Nationalsozialismus, Gütersloh 1994.

Apitz, Bruno: Nackt unter Wölfen (dtv 12002), München [3]1997.

Bethge, Eberhard: Zwischen Bekenntnis und Widerstand. Erfahrungen aus der Altpreußischen Union, in: *Peter Steinbach:* Widerstand. Ein Problem zwischen Theorie und Geschichte, Köln 1987, 115-127.

Die Gottesbotschaft, Bd. 2. Ein biblisches Lese- und Arbeitsbuch, Düsseldorf o.J. [1964?].

Entdeckungen machen (Unterrichtswerk für den evangelischen Religionsunterricht) 9/10, Düsseldorf 1989.

Evangelische Kirche im Rheinland (Hg.), Der Christuszeuge Paul Schneider. Gedenkschrift anläßlich des 50. Todestages, Düsseldorf 1989.

Evangelische Kirche in Deutschland (Hg.), Evangelische Kirche und freiheitliche Demokratie. Der Staat des Grundgesetzes als Angebot und Aufgabe. Eine Denkschrift, Gütersloh 1985.

Feurich, Walter: Paul Schneider (Christ in der Welt 13), Berlin-Ost [3]1989.

Forck, Bernhard Heinrich (Hg.): »und folgten ihrem Glauben nach«. Gedenkbuch für die Blutzeugen der Bekennenden Kirche, Stuttgart 1949.

Frauen im Widerstand, Praxis Schulfernsehen 169/170/1990, 19-30.

Gollwitzer, Helmut: Du hast mich heimgesucht bei Nacht. Abschiedsbriefe und Aufzeichnungen aus dem Widerstand 1933-1945 (Siebenstern-Taschenbuch 9), München/Hamburg 1964 (gekürzte Ausgabe).

Gremmels, Christian und *Heinrich W. Grosse*: Dietrich Bonhoeffer. Der Weg in den Widerstand (Kaiser Taschenbücher 144), Gütersloh 1996.

Greschat, Martin (Hg.): Zwischen Widerspruch und Widerstand. Texte zur Denkschrift der Bekennenden Kirche an Hitler (1936) [Studienbücher zur kirchlichen Zeitgeschichte 6], München 1987.

Greschat, Martin: Rezension über *A. Aichelin*, Paul Schneider, 1994 (s.o.), Zeitschrift für Kirchengeschichte 106 (1995) 424-426.

Guzman, German: Camilo Torres. Persönlichkeit und Entscheidung, München 1970.

Hackett, David A. (Hg.): Der Buchenwald-Report. Bericht über das Konzentrationslager Buchenwald bei Weimar, München 1996.

Hesselberger, Dieter: Das Grundgesetz. Kommentar für politische Bildung, Bonn [10]1996.

Kittel, Helmuth: Vom Religionsunterricht zur Evangelischen Unterweisung, Wolfenbüttel-Hannover 1947.

Kogon, Eugen: Der SS-Staat. Das System der deutschen Konzentrationslager, München 1974.

Krumwiede, Hans-Walter u.a. (Hg.): Kirchen- und Theologiegeschichte in Quellen IV/2, Neukirchen-Vluyn 1980.

Loimeier, Manfred: »Unser Tod wird unseren Sieg nicht aufhalten können«. Chronik eines angekündigten Todes oder: Der Prozeß gegen Ken Saro-Wiwa, der Kampf der Ogoni gegen Shell und die Lage in Nigeria, Frankfurter Rundschau 271/1995, 12.

Loimeier, Manfred: Zum Beispiel Ken Saro-Wiwa, Göttingen 1996.

Loscher, Klaus und *Udo Hahn*: Ich habe nicht verleugnet. Georg Maus: Leben und Wirken eines Religionslehrers im Dritten Reich, Wuppertal 1987.

Mader, Ernst T. und Jakob Knab: Das Lächeln des Esels. Das Leben und die Hinrichtung des Allgäuer Bauernsohnes Michael Lerpscher (1905-1940) [Heimatkunde III], Blöcktach [2]1987.

Meier, Kurt: Kreuz und Hakenkreuz. Die evangelische Kirche im Dritten Reich (dtv 4590), München 1992.

Neupert, Jutta: Vom Ducken und Aufrechtgehen. Ein Lesebuch über Christen im Dritten Reich [Ergebnisse und Impressionen des Wettbewerbs »Jugendliche von heute sichern Spuren von gestern« des Bundes der Katholischen Jugend (BKJD), Landesarbeitsgemeinschaft Bayern], Regensburg 1989.

Niemöller, Wilhelm (Hg.): Die vierte Bekenntnissynode der Deutschen Evangelischen Kirche zu Bad Oeynhausen. Text – Dokumente – Berichte (Arbeiten zur Geschichte des Kirchenkampfes 7), Göttingen 1960.

Nipkow, Karl Ernst: Erwachsenwerden ohne Gott? Gotteserfahrung im Lebenslauf (Kaiser Taschenbücher 6), München [4]1992.

Norden, Günther van: Zwischen Kooperation und Teilwiderstand: Die Rolle der Kirchen und Konfessionen. Ein Überblick über Forschungspositionen, in: *Jürgen Schmädeke* (Hg.), Der Widerstand gegen den Nationalsozialismus, München 1985, 227-239.

Petri, Dieter und *Jörg Thierfelder* (Hg.): Vorlesebuch Kirche im Dritten Reich. Anpassung und Widerstand, Lahr 1995.

Prolingheuer, Hans: Kleine politische Kirchengeschichte. 50 Jahre evangelischer Kirchenkampf von 1919 bis 1969, Köln 1984.

Rang, Martin: Die Geschichte der Kirche, bearb. v. Ernst Ohliger, Göttingen [4]1955.

Rang, Martin: Bilder aus der Kirchengeschichte, Göttingen [15]1964.

Ringshausen, Gerhard: Paul Schneider und Oskar Brüsewitz, Kirchliche Zeitgeschichte 9 (1996) 89-110.

Roth, Artur (Hg.), Unter den Augen der SS. Otto Roth und der bewaffnete Aufstand im KZ Buchenwald, Köln 1995.

Saro-Wiwa, Ken: Flammen der Hölle. Nigeria und Shell: Der schmutzige Krieg gegen die Ogoni (rororo aktuell 13970), Reinbek b. Hamburg 1996.

Saro-Wiwa, Ken: Sozaboy. Roman (dtv 12418), München 1997.

Saro-Wiwa, Ken: Die Sterne dort unten. Erzählungen (dtv 12334), München 1997.

Schneider, Margarete: Der Prediger von Buchenwald. Das Martyrium Paul Schneiders (1952), Berlin-Ost 1957.

Schoenborn, Margret: Verschwiegener Widerstand. Evangelische Frauen in der NS-Zeit, Praxis Schulfernsehen 248/1979, 31-36.

Slusser, Michael: Art. Martyrium III. Christentum III/ 1. Neues Testament/Alte Kirche, in: Theologische Realenzyklopädie 22, Berlin/ New York 1992, 207-212.

Tögel, Hermann: Der Religionsunterricht im neuen Deutschland, Leipzig 1933.

Wentorf, Rudolf: … und sollst mein Prediger bleiben. Zeugnisse von Paul Schneider, Gießen und Basel 1966.

Wentorf, Rudolf: Der Fall des Pfarrers Paul Schneider. Eine biographische Dokumentation, Neukirchen-Vluyn 1989.

Zitelmann, Arnulf: »Keiner dreht mich um«. Die Lebensgeschichte des Martin Luther King, Weinheim 1985.

Nicht berücksichtigt werden konnte:

Foster, Claude: Paul Schneider. The Buchenwald Apostel. A Christian Martyr in Nazi Germany. A Sourcebook on the German Church struggle, West Chester (USA) 1995.

8 Verzeichnis der Materialien/Dokumente